Peter Nidetzky · Reiten in Österreich

Peter Nidetzky

Reiten in Österreich

Verlag Kremayr & Scheriau · Wien

Layout und Schutzumschlag: Alice Piringer unter Verwendung je eines Dias von Gerry Mörth und Österreichische Fremdenverkehrswerbung
Gesamtherstellung: Wiener Verlag, Wien
ISBN 3 218 00299 0

Inhalt

Einleitung

Wissen Sie, wie viele Bücher es zum Thema »Reiten« gibt? Trotz meiner ziemlich umfangreichen hippologischen Bibliothek wußte ich es nicht ganz genau, sonst wäre ich der Einladung des Verlages, dieses Buch zu schreiben, vielleicht nicht so spontan gefolgt. Denn auf einer deutschen Fachmesse gab ich etwa bei der Zahl 200 der ausgestellten Titel resignierend auf, während bei englischen Horse-Shows kaum weniger, rein britische Literatur zu finden ist.

Dennoch schien mir dieses Buch eine Lücke zu füllen, die in Österreich erst während der letzten Jahre entstanden ist. Immer mehr Menschen zieht es nämlich auch bei uns in Richtung Reiterei; Sportfreunde, die über den Reitsport zumeist nur in ausländischen Publikationen gelesen haben. Nun ist die deutsche Reitschule Warendorf ganz sicher ein hervorragendes Institut, hilft jedoch dem ambitionierten Österreicher nur in den seltensten Fällen in den Sattel.

Dabei gibt es bei uns weit mehr Reitmöglichkeiten, als allgemein bekannt ist. Daher nimmt auch das letzte Kapitel dieses Buches breiten Raum ein. Es soll dem Reitinteressierten als permanentes Nachschlagewerk stets zur Hand sein, ihn über die Vereine, Reitställe und Pferdevermietungen informieren und so jene Orte rasch auswählen lassen, an denen er – im Urlaub oder in seiner Freizeit – den Reitsport erlernen kann. Auch der bereits Fortgeschrittene kann aufgrund der Zusammenstellung neue Reitmöglichkeiten kennenlernen und ausprobieren.

Die Vorbereitungsarbeiten waren zeitraubend und aufwendig. Etwa 60 Prozent der angeschriebenen und mit langwierigen Fragebögen »gefütterten« Reitbetriebe nahmen die ausführliche Beantwortung auf sich. Die Angaben im letzten Kapitel stützen sich daher in erster Linie auf die Fragebögen, deren wahrheitsgemäße Beantwortung wir wohl annehmen, nicht aber seitens des Verlages garantieren können. Die angegebenen Preise dürften für das Jahr 1977 noch durchwegs ihre Richtigkeit haben, werden jedoch später – bei etwaigen Neuauflagen – nach oben zu korrigieren sein. Also bitte nur noch auszuwählen, in den Sattel zu steigen – und los geht's. Einen guten Ritt wünscht

PETER NIDETZKY

Die lange Entwicklungsgeschichte des Pferdes – ganz kurz

Wenn man im Tiergarten vor dem Käfig eines Tapirs steht, wird man beim Betrachten dieses selten gewordenen Tieres kaum an den Reitsport denken. Und dennoch begann unser heutiges Pferd seine Entwicklungsgeschichte vor etwa sechzig Millionen Jahren, als es in etwa so aussah wie der Tapir. Kaum größer als ein Hund, an den Vorderbeinen vier, hinten drei Zehen, lebte der Eohippos in den dichten Wäldern des frühen Tertiärs.

Überspringen wir dreißig Millionen Jahre. Nun finden wir bereits den Mesohippos auf den weiten Steppenlandschaften. Die zweite und vierte Zehe degenerierte zu den heutigen Griffelbeinen, aus dem Zehengänger wurde ein Zehenspitzengänger. Der Pliohippos des auslaufenden Tertiärs glich bereits weitgehend dem heute beinahe ausgestorbenen Wildpferd.

Die Skizze veranschaulicht die prähistorischen Wanderungen des Pferdes.

Interessanterweise begann die Entstehungsgeschichte unseres Pferdes, wie Knochenfunde eindeutig beweisen, in den heutigen USA. Es starb dort jedoch gänzlich aus und kehrte erst nach der Entdeckung Amerikas durch die Europäer sehr viel später wieder auf den amerikanischen Kontinent zurück.

Bereits in der Urzeit finden sich die Ausgangspunkte für alle Pferderassen von heute. Aus der Steppenform des Wildpferdes (Innerasien) ging als edelster Nachkomme das orientalische Vollblut hervor. Das schwere Waldpferd hingegen kann als Stammvater aller Kaltblutrassen angesehen werden. Ihre Kennzeichen sind die konvexe Ramsnase, der starke Behang an den Gliedmaßen und die kräftige Knochenbildung.

Durch entsprechende Zuchtauswahl entstanden aus diesen beiden so grundverschiedenen Urrassen die zahlreichen Varianten des heutigen Warmbluts.

In einer Höhle bei Niaux in Südfrankreich fand man diese vorgeschichtlichen Wandzeichnungen, die den Wissenschaftlern Aufschluß über die Entwicklungsgeschichte unseres Pferdes gaben.

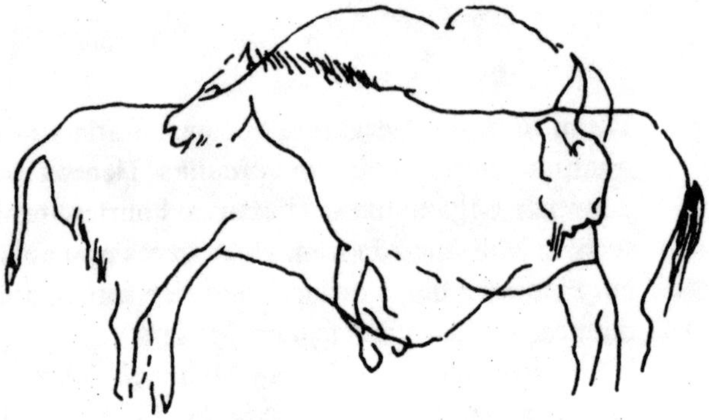

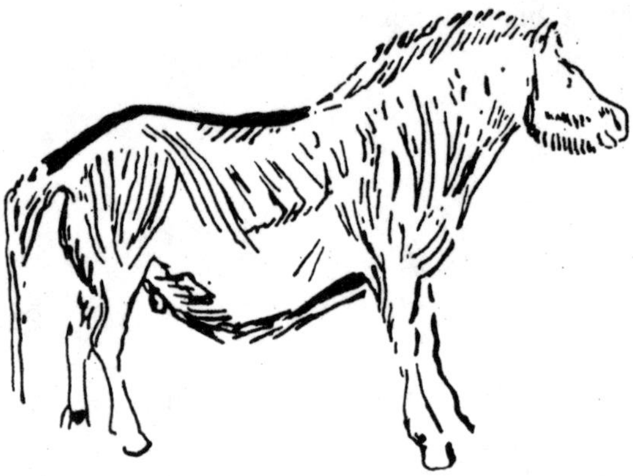

Angesichts dieser zigmillionen Jahre langen Entwicklungsgeschichte des Pferdes muten die knapp 4000 Jahre, die seit seiner Domestikation vergangen sind, eigentlich ziemlich kurz an. Und doch spielte das Pferd seit jeher eine hervorragende Rolle in der Geschichte der Menschheit. Ob als Arbeitskraft oder als soziales Statussymbol – es beeinflußte uner Leben, unsere Kultur und auch unsere Kunst.

Aus alten Aufzeichnungen ermittelten die Wissenschaftler den Beginn dieser Domestikation mit etwa 2000 v. Chr. Rund 500 Jahre später erwähnten es die Ägypter als Symbol für Stand und Würde, allerdings noch nicht vordringlich als Reittier, wohl aber im Gespann.

Als Wagenlenker waren nur Männer fürstlicher Abstammung, oft die Söhne der Pharaonen selbst, tätig. Seit damals entwickelte sich dann – fast chronologisch – die weitere Verwendung des Pferdes als Reittier und vor allem für den Kriegsdienst.

Sosehr sich auch sein Aussehen geändert haben mag – in seiner Grundeinstellung zur Umwelt ist das Pferd unserer Tage seinen Urahnen sehr ähnlich geblieben: jenes schnelle, jederzeit fluchtbereite Geschöpf, dessen Mentalität man kennen und verstehen muß, will man am Pferd auch wirkliche Freude haben. Die langen, schlanken Beine, denen das Pferd seine Schnelligkeit und Ausdauer verdankt, gepaart mit angeborener Gutmütigkeit sowie mit Anpassungsvermögen, machten es ja erst für den Menschen interessant – das Pferd selbst hingegen zum weltweiten Gefangenen. An die Stelle der ausgedehnten Wiesen und Steppen trat der dunkle Stall, die saftigen Gräser wurden durch Trockenfutter ersetzt. Der sich streckende, dahineilende Pferdekörper erhielt enge Begrenzung durch Zügel und Reiterhand.

All dies sollte man bedenken, wenn man sich mit Pferden beschäftigt. Und man sollte sich gleichzeitig bemühen, dem Pferd mitunter auch heute noch jene Freiheit zu belassen, in der es sich bestimmt am wohlsten fühlt. Ob Auslauf auf einer geräumigen Koppel – im Notfall tut es auch die Reithalle während des Ruhetages oder der Mittagspause – oder gewährter Renngalopp auf freiem Gelände: stets wird man feststellen können, daß dies unser Pferd am meisten schätzt. Nachher ist es oft eher bereit, die von ihm verlangten Aufgaben willig zu erfüllen, als wenn man ihm seine Freiheit vorenthält.

Das »Fliegende Pferd«, chinesische Tuschzeichnung auf Pergament.

Als der Erschaffende das Pferd erschaffen wollte, sprach er zum Winde: Aus dir will ich ein Wesen gebären, das geeignet ist, meine Verehrer zu tragen. Dieses Wesen soll geliebt sein von allen meinen Sklaven, es soll aber gefürchtet sein von allen, die wider meine Gebote handeln.
Und er schuf das Pferd und rief ihm zu: Dich habe ich geschaffen ohne Gleichen. Alle Schätze der Erde ruhen zwischen deinen Augen. Meine Feinde sollst du unter deine Hufe treten, meine Freunde aber sollst du tragen auf deinem Rücken; dort soll der Sitz sein, von dem Gebete zu mir aufsteigen. Auf der ganzen Erde sollst du glücklich sein und vorgezogen allen Geschöpfen dieser Erde. Denn dir gehört die Liebe des Herrn der Schöpfung. Du sollst fliegen ohne Flügel und siegen ohne Schwert.

Mohammed

Oben: Der prächtige Reitsaal der Spanischen Reitschule in Wien auf dem Josefsplatz war in vergangenen Zeiten oft Schauplatz eindrucksvoller Reiterspiele vor versammeltem Adel.

Rechts: Das Gestüt Lipizza bei Triest wurde von Erzherzog Karl II. 1580 errichtet.

Links: Dunkle Lipizzaner wie auf diesem Gemälde von 1730 (Schule G. Hamilton) sind zwar selten, kommen aber auch heute vor.

Links unten: Einritt zur Schul-Quadrille, geritten auf acht Lipizzanerhengsten.

Rechts: Jahrelange Ausbildung, hartes Training und hohes reiterliches Können sind notwendig, bis der Lipizzaner die klassischen Figuren, wie hier die Levade, unter dem Reiter beherrscht.

Oben: Fohlenidyll im Bundesgestüt Piber, Steiermark. Vor den noch dunklen Fohlen, die hier mit ihren Müttern auf den weitläufigen Koppeln des Gestüts umhertollen, liegen noch einige unbeschwerte Jahre, bevor sie ihren Dienst in der Wiener Spanischen antreten werden.

Rechts: Der Hengst am langen Zügel: Dressurausbildung in höchster Vollendung. Nur mittels Gerten- und Zügelhilfen – also ohne die sonst unerläßliche Einflußnahme durch Kreuz und Schenkel des Reiters im Sattel – veranlaßt der Bereiter das Pferd zu den Gängen der schwierigsten Dressurlektionen.

Oben: Schul-Quadrille einmal im Freien, aufgenommen bei einer Vorführung in Salzburg, damals noch mit Oberst Hans Handler an der Spitze.

Mitte: Zwischen den Pilaren erlernen die jungen Hengste die Piaffe.

Links: Schulung an der Hand. Junge Hengste mit Bereitern der Spanischen Reitschule.

Rechts: Kraft, Anmut und Losgelassenheit demonstriert der Lipizzaner bei der Capriole, die sowohl an der Longe als auch unter dem Reiter ausgeführt wird.

Unten: Ein Schulhengst im weit ausgreifenden starken Trab.

Bild Seite 19: Der Pas de deux. Gleichklang der Bewegung und volle Harmonie von Reiter und Pferd kennzeichnen diesen Programmpunkt einer Vorführung.

Rechts: Oberst Kurt Albrecht, seit langer Zeit an der Spanischen Reitschule tätig, übernahm nach dem Tod von Oberst Handler die Leitung des Instituts. Wie unter seinen Vorgängern wird auch heute der Stil der Schule von der Persönlichkeit ihres Leiters geprägt. Die »Spanische« ist menschlicher geworden, umweltverbundener und wohl auch mehr aufgeschlossen. Albrecht möchte der Schule wieder zu jener richtungsweisenden Vorbildstellung verhelfen, die vielleicht ein wenig in Vergessenheit geraten ist, das heißt einen möglichst engen Kontakt zwischen der klassischen Ausbildungsstätte in Wien und der internationalen Dressurreiterei schaffen.

Unten links: Mittelalterliche Hebelkandare mit nicht eben tierfreundlicher Wirkungsweise. Die heutigen Kandaren, wie sie auch beispielsweise in der Spanischen Reitschule verwendet werden, sind dagegen weit harmloser.

Rechts: Moderne Olivenkopftrense, wie sie heute fast überall beim Durchschnittsreitpferd Verwendung findet.

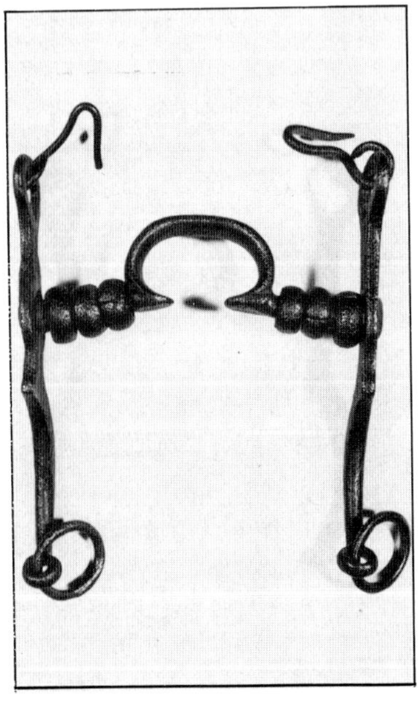

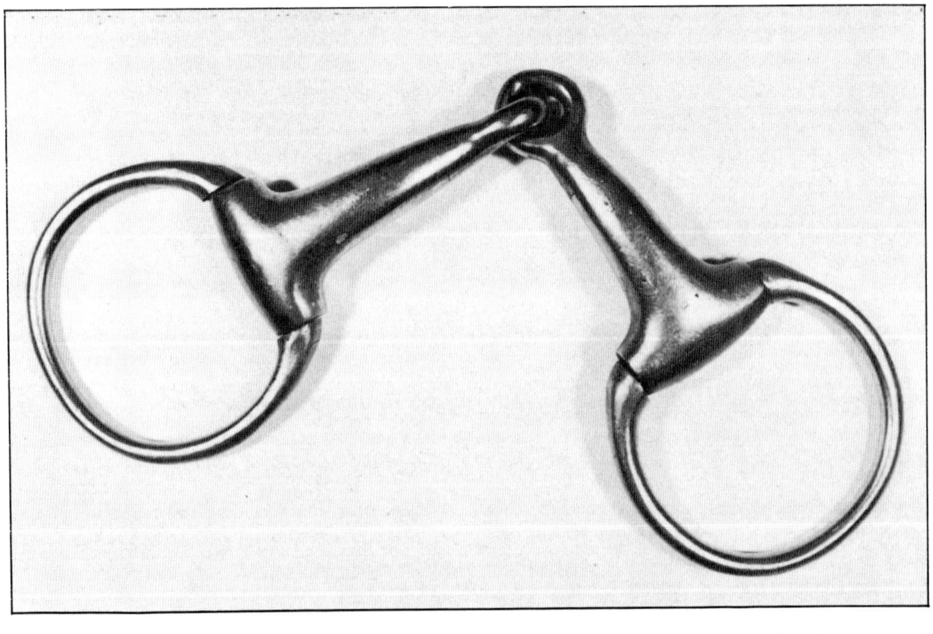

Österreichs Reiterei einst und jetzt

Wandert man durch Wiens Innenstadt, so läßt sich schon allein anhand der zahlreichen Reiterstandbilder die enge Verbundenheit Österreichs mit der Reiterei erkennen. Aber auch ein Besuch des Kunsthistorischen Museums überzeugt rasch von der Wichtigkeit unseres heutigen Sportfreundes Pferd in vergangenen Tagen.

Ein Relikt – mit mehr als vierhundert Jahre alter Tradition – ist die Spanische Reitschule auf dem Josefsplatz, die letzte noch erhalten gebliebene Pflegestätte der klassischen Reitkunst.

Ein Besuch beim berühmten Cadre Noir in Saumur mag beeindrucken, aber verglichen mit unserer »Spanischen« verblassen die dort gezeigten Vorführungen rasch. Und es mag symptomatisch für den ansonsten doch stets über sich selbst raunzenden Wiener sein, daß er über »seine Spanische« nie etwas kommen läßt.

Dabei ist die »Hohe Schule« der Reiterei weit älter als die Schule auf dem Josefsplatz. Klassische Vorbilder finden wir bereits in der Antike. So zieren die Akropolis Athens Darstellungen von Pferden in der Passage, Levade oder Piaffe. Später hielt der Historiker und Offizier Xenophon in seinen berühmten Schriften erstmals fest, was eigentlich bis heute für den Reitsport seine volle Gültigkeit behalten hat.

Zur Zeit des römischen Weltreichs trat das Pferd bereits etwas in den Hintergrund, und im Mittelalter verlor die klassische Reiterei vollends ihre Bedeutung. Die mit umfangreicher Rüstung ausgestatteten Ritter bedurften mächtiger, schwerer Pferde. Der »Zelter« von damals war wie das Kaltblut heute, Wendigkeit und Eleganz waren weit weniger gefragt als Durchschlagskraft und Härte. Bei den Turnieren jener Zeit wurde ausschließlich auf geraden, einander begegnenden Kampfbahnen geritten.

Paradoxerweise brachte die Erfindung der Handfeuerwaffen einen weitgehenden Umschwung. Plötzlich waren Wendigkeit (Ausweichmanöver) und Gehorsam (Schußlärm) des Reittieres wieder gefragt. Renaissance und vollendetes Hofprotokoll trugen das Ihre dazu bei, daß klassische Reiterei zu Beginn des 16. Jahrhunderts wieder gepflogen wurde.

Die Spanische Reitschule – diese unvergleichliche Schöpfung Joseph Emanuel Fischers von Erlach – entstand zu einer Zeit, da Österreich auf dem Zenit seiner Macht stand. Die Bedrohung Wiens durch die Türken gehörte der Vergangenheit an, und einer der größten Reiter unserer Geschichte, Prinz Eugen von Savoyen, trug das Banner Habsburgs weit in den Balkan hinein. Kaiser Karl VI. hatte daher allen Grund, der neugewonnenen Macht auch sichtbaren Ausdruck zu verleihen. Der in seiner klassischen Einfachheit und dennoch unnachahmlichen Schönheit gestaltete Reitschulsaal hat nirgendwo auf der Welt jemals Konkurrenz bekommen.

Blickt man heute die Reitbahn hinunter, so ahnt man, daß hier die Wiege unserer sportlichen Dressurreiterei lag. Und kennt man die Maße der Bahn – 55 x 18 Meter groß –, so begreift man, daß die Ausmaße des heutigen Dressurvierecks mit 20 x 60 Meter bestimmt kein Zufall sind.

Im September des Jahres 1735 vollendete Joseph Emanuel Fischer von Erlach das architektonische Kunstwerk. Aus diesem Anlaß fand hier die erste Vorführung statt – ganz anders als heute, aber bestimmt nicht weniger eindrucksvoll. An die fünfzig Remonten aus dem kaiserlichen Gestüt wurden vor versammeltem Adel angeritten sowie gut ausgebildete Schulpferde vorgestellt.

Unzählige Festveranstaltungen folgten der großen Eröffnung; so das berühmte Damenkarussell (1743), das Kaiserin Maria Theresia veranstalten ließ, Maskenbälle, Reiterspiele, ja sogar klassische Musikdarbietungen sah dieser traditionsreiche Saal in seiner wechselvollen Geschichte.

Als Reitinstitution ist die »Spanische« weitaus älter. Im »Spanischen Reithsall« sah man wohl bereits Ende des 16. Jahrhunderts Pferde aus dem slowenischen Lipizza, jenem Gestüt, das Erzherzog Karl II. 1580 gegründet hatte. Damals begann der Siegeszug eines Pferdes, das, allen Schwierigkeiten zum Trotz, bis heute unerreicht geblieben ist – des Lipizzaners.

Heute ist freilich neben die Tradition ein modernes Management getreten, ohne das ein Institut dieser Größenordnung nicht mehr zu führen wäre. Dabei ist vielleicht die Feststellung interessant, daß sich die Spanische Reitschule finanziell mehr als selbst erhält. Welch rühmliche Ausnahme schon allein in Anbetracht des Millionendefizits der Bundestheater!

Seit ihren Anfängen gab die Spanische Reitschule stets entscheidende Impulse für den allgemeinen Reitsport. Und wenn heute die Bereiter der Schule mitunter auch in privaten Reitinstitutionen unterrichten, so ist dies der österreichischen Reiterei sicher nur zuträglich.

Der bereits fast legendären Epoche von Oberst Alois Podhajsky, welcher die Schule mit viel Geschick und Ambition auch über die schweren Kriegsjahre gebracht hatte, folgte die Zeit von Oberst Hans Handler, in der viel für Eleven, Bereiteranwärter und Bereiter getan wurde. Nach dem Tod Handlers übernahm sein Stellvertreter Oberst Kurt Albrecht die Leitung. Mit ihm begann für das traditionelle Institut eine neue Ära. Der heutigen Zeit weit mehr entsprechend und den Erfordernissen des Fremdenverkehrs, aber auch ausländischen Einladungen stets positiv gegenüberstehend, leitet Albrecht die Schule mit der ihm angeborenen Menschlichkeit, ohne dabei die gegebene Aufgabenstellung zu vernachlässigen.

So braucht einem um das weitere Geschick der »Spanischen« wohl nicht bange sein. Als einmaliges Überbleibsel vergangener Zeiten repräsentiert sie österreichische Tradition und Hohe Schule der Reitkunst gleichermaßen.

Das Bundesgestüt Piber in der Steiermark sorgt für den nötigen Hengstennachwuchs. Hofrat Dr. Heinz Lehrner leitet Österreichs Mustergestüt seit vielen Jahren und ist somit Garant für optimale Zuchterfolge. Auch eine beachtliche Warmblutzucht wird in Piber unterhalten. Es ist schade, daß die Remonten von hier fast durchwegs ins Ausland gehen, während sich die Österreicher immer mehr ausländische Pferde kaufen. Die Zuchterfolge von Piber genießen – wie so viele andere österreichische Leistungen – eben im Ausland jenen hervorragenden Ruf, den sie im Heimatland vermissen.

Erst nach dem Zweiten Weltkrieg kamen die berühmten weißen Pferde von Lipizza nach Piber. Ihre Zucht geht auf sechs Blutlinien zurück: Conversano,

Neapolitano, Maestoso, Pluto, Favory und Siglavy; letzterer war ein Vollblutaraber.

Nur die besten jungen Hengste gelangen als Remonten in die Spanische Reitschule nach Wien. Die alljährliche Musterung im Bundesgestüt ist entscheidend für die weitere Verwendung der Pferde. Im Exterieur nicht völlig entsprechende Tiere werden verkauft. Zu diesem Zeitpunkt kann man oft noch nicht sagen, ob die Pferde strahlendweiß werden oder nicht, denn die Fohlen kommen dunkel zur Welt. Erst nach einigen Jahren werden die Lipizzaner grau, weißgrau und schließlich so weiß, wie man sie weltweit kennt. Manche hingegen bleiben dunkel, doch sind dies eher Ausnahmen.

Nicht nur unter dem Sattel und bei den Schulen über der Erde zeigen diese einmaligen Vierbeiner ihre überdurchschnittlichen Fähigkeiten, auch am Wagen sind sie bestens verwendbar. Lipizzaner-Viererzüge waren stets einsame Klasse, und die jungen Stuten werden auch heute noch in Piber zur Schulung vor den Wagen gespannt.

Oft wurde in verschiedenen Ländern versucht, Konkurrenzunternehmen zur Spanischen Reitschule aufzuziehen – so gibt es in den USA eine Anzahl von Lipizzanern, mit denen Dressurvorführungen gemacht werden –, aber ernstgenommen konnte und kann keiner dieser Versuche werden. Die ins Ausland verkauften oder dort gezüchteten Lipizzaner mögen zwar das Aussehen und auch zum Teil die Eignung zur Hohen Schule – ähnlich den österreichischen Schulhengsten – mitbringen, aber ohne die traditionelle Ausbildung, ohne bestens geschulte Bereiter und nicht zuletzt ohne die prächtige Reitschule auf dem Josefsplatz geht es eben – Gott sei Dank! – doch nicht.

Mit dem Haflinger durch dick und dünn

Österreichs Pferdezucht wurde lange Zeit völlig abgeschrieben. Tatsächlich sprechen die jährlich steigenden Importziffern ja gegen die heimische Zucht, die schon allein von der Quantität her die Nachfrage nicht befriedigen könnte. Dazu kommen die stets teurer werdende Aufzucht und die daraus resultierende Chancenlosigkeit gegen Dumpingpreise, vor allem in den Ostländern. Doch es gibt auch Ausnahmen, wie die in Österreich erst junge Zuchtvariante des Welsh-Cob (Gestüt Gschwendthof, Maria Anzbach, NÖ.), wo man auf eine Warteliste gesetzt wird, sobald man einen der mittelgroßen englischen Allroundler erwerben möchte. Aber das Hauptaushängeschild der österreichischen Pferdezucht ist der Haflinger, der neben dem Lipizzaner wohl als österreichisches Pferd Nummer eins angesprochen werden kann.

Seit etwa hundert Jahren existiert diese einmalige Pferderasse in ihrer heutigen Zuchtform. Sie entstand in Südtirol, den Anforderungen der Gebirgsbauern angepaßt, durch diverse Einkreuzungen. 1921 gründete man in Zams (Tirol) die erste österreichische Haflingerzucht-Genossenschaft, und wenige Jahre später standen bereits mehr als hundert Original-Haflingerstuten für die Zucht zur Verfügung.

Der Haflinger ist sicher nicht den Ponys zuzuordnen, wenngleich sich auch bei ihm Ponyahnen nicht völlig verleugnen lassen. Im Laufe der Zeit – schon lange vor der eigentlichen Zuchtvariante in Südtirol – wurden bei ihm verschiedene orientalische Pferde eingekreuzt, und noch heute verrät der ausdrucksvolle Kopf den Blutanteil des Arabers. Ohne Zweifel ist unser Haflinger ein bildhübsches Pferd, meist fuchsfarbig, mit heller Mähne und Schweif. Grundanständiger Charakter, fleißige Gänge, Trittsicherheit, Ausdauer und gutmütiges Temperament kennzeichnen die vielseitige Verwendbarkeit dieses Pferdes, das heute vor allem in Österreich und in Bayern gezogen wird.

Im Gegensatz zum regulären Gestütsbetrieb züchtet man den Haflinger hierzulande in mehr als 2000 Zuchtbetrieben, in denen die Pferdezucht eher einen Nebenerwerb darstellt. Dennoch ist die Durchschnittsträchtigkeit kaum geringer als bei der Gestütszucht – ein weiterer Beweis für die Unkompliziertheit dieser Rasse.

Der Aufstieg zur »internationalen Rasse« ist eine Folge des fast unglaublichen Akklimatisationsvermögens des Haflingers. Man kann ihn heute in den nördlichsten Regionen der Tundra wie am Wüstenrand der Sahara antreffen. Er wird mit den üblichen Mengen an Hafer und Heu gefüttert, baut bei Weidegang kaum Kondition ab, ist aber auch, wie er bereits während des Zweiten Weltkrieges unter Beweis stellte, mit kargem Notfutter zufrieden.

Das mit durchschnittlich 134–140 Zentimeter Stockmaß eher nur mittelgroße Pferd trägt spielend Lasten von 120 Kilogramm und mehr, wie tagtäglich bei den Tragtierkompanien des österreichischen Bundesheeres beobachtet werden kann. Nicht zufällig wählte man den Haflinger als Tragtier für die unwegsamsten Geländeabschnitte unserer Alpen. Selbst wenn er bis zum Bauch im Schnee versinkt, durch reißende Flüsse waten oder die glühende Hitze sommerlicher Manöver ertragen muß – auf diesen Vierbeiner kann man sich stets restlos verlassen. Anfang der sechziger Jahre demonstrierte der deutsche Fahrmeister Landstallmeister Fellgiebel mit einem Haflinger-Viererzug die Leistungsfähigkeit dieser Tiere. Mit nur kurze Zeit im Fahrtraining stehenden Haflingerstuten bewältigte er 256 Kilometer innerhalb von nur drei Tagen, wobei einige Pässe mit mehr als 1800 Meter Seehöhe überwunden werden mußten. Der vor allem an normale Warmblüter gewohnte Fachmann zeigte sich nach dieser Gewalttour vom Einsatzwillen und von der Härte der vier Stuten restlos begeistert.

Kein Wunder, daß sich der Haflinger auch gut als Reitpferd eignet. Kaum eine andere Rasse ist so schnell zugeritten, trägt auch den relativ unerfahrenen Reiter so sicher dahin. Immer mehr Fremdenverkehrsbetriebe halten daher Haflinger in ihren Stallungen, besonders dann, wenn auch mit schwachen Reitern gerechnet werden muß, die aber dennoch am Reitsport Freude haben sollen.

Nicht wenige später ambitionierte Turnierreiter kamen über den Haflinger zum intensiven Reitsport. Ländliche Reitergruppen, die sich dem Turniersport verschrieben haben, nehmen schon recht oft auch an reitsportlichen Veranstaltungen mit dem Haflinger teil. Vielseitigkeitsprüfungen, aber auch Dressur und Springen der Klasse A sind ohne weiteres mit ihm zu reiten. Dank seiner Gutmütigkeit ist er auch ein ideales Kinderreitpferd, das gerade bei schwierigen Passagen mithilft und den Reiter nie im Stich läßt.

Als wir vor einigen Wochen unsere Haflingerstute durch Kolik und Darmverschluß verloren, war die Trauer im Club groß. Dabei war »Cherry« ja erst zwanzig Jahre alt gewesen, kein hohes Alter für einen Haflinger, der – ähnlich dem Isländer – meist viel älter wird.

Ich erinnere mich noch genau daran, als wir das Pferd bekamen. Vom Bundesheer hatten wir die Verständigung erhalten, daß man in Saalfelden einige Tiere der Tragtierkompanie abzugeben hätte. Wir holten die damals zwölfjährige Stute nach Laxenburg und hatten während der darauffolgenden acht Jahre wirklich nur Freude an ihr. Sie, die vorher praktisch nie geritten worden war, trug von Anfang an den Reiter genauso problemlos wie vorher den Packsattel. Und als wir vor einigen Jahren mit dem Voltigieren begannen, dem Turnen der Kinder am galoppierenden Pferd, war es fast selbstverständlich, daß wir dafür den Haflinger einsetzten. Schon bei den ersten österreichischen Voltigiermeisterschaften in Süßenbrunn stellte sich der Erfolg ein. Die Gruppe gewann auf »Cherry« die Meisterschaft und wiederholte dies auch ein Jahr später.

Und so wurde mir die Entscheidung nicht eben leicht, die ich in der Wiener Veterinärmedizinischen Universität zu treffen hatte, eine endgültige, unvermeidliche Entscheidung, sosehr sich die Ärzte auch um »Cherry« bemüht hatten.

Noch ist »Cherrys« Platz im Stall leer, aber eines ist sicher: Es wird wieder ein Haflinger werden, der hier, hoffentlich schon recht bald, lustig wiehern soll.

Der Isländer – das Fünfgangpferd

Von kontinentalen Island-Pony-Reitern hört man mitunter recht energische Einsprüche gegen den Namen Island-**Pony,** sie hören statt dessen lieber Island**pferd,** wenngleich doch die erste Bezeichnung die zweite keineswegs ausschließt. Auch Ponys sind Pferde. Mit seinen durchschnittlichen Stockmaßen von 128 bis 135 Zentimeter zählt der Isländer gewiß zu den Kleinpferden, ist aber vielleicht das interessanteste von allen.

Das Pony ging wahrscheinlich aus der Kreuzung zwischen der keltischen und der skandinavischen Rasse hervor; es wird seit etwa tausend Jahren in Island völlig rein gezogen. Auch heute leben dort die Island-Ponys in halbwilden Herden, trotzen der Härte des Klimas und sind genügsam wie kaum eine andere Pferderasse. Erst in diesem Jahrhundert erreichte die Island-Pony-Zucht internationale Bedeutung. In Island hält man seit Jahrhunderten am Prinzip fest, daß kein einziges Pferd eingeführt werden darf, was die Reinheit der Zucht voll garantiert und Krankheiten ausschließt. Dies geht sogar so weit, daß die besten, zu Meisterschaften ins Ausland entsandten Isländer nicht mehr zurückdürfen und an Ort und Stelle verkauft werden müssen. Begeisterte Abnehmer für diese Pferde finden sich ohne Schwierigkeiten.

Das Island-Pony kennt keine Stall- oder Futterprobleme. Sommer und Winter immer gerne im Freien, als Leistungspferd eventuell mit etwas Zusatzfutter versehen, bereitet es kaum irgendwelche Unannehmlichkeiten und ist in der Haltung dadurch billig. Fußgelenke und Sehnen sind robust und neigen zu keinerlei Krankheitserscheinungen, wie man sie beim Großpferd immer wieder antrifft.

Wie die meisten Ponyrassen, erreichen auch Isländer oft ein recht hohes Alter. Dreißigjährige Exemplare sind keine Seltenheit.

Trotz seiner relativ geringen Körpermaße kennt das Island-Pony keine Gewichtsprobleme für Lasten oder Reiter. Kinder wie großgewachsene Reiter werden willig und ohne Schwierigkeiten transportiert. Dazu kommt als einmaliges hippologisches Phänomen dieses interessanten Pferdetyps seine vererbte Veranlagung zu fünf verschiedenen Gangarten. Denn neben Schritt, Trab und Galopp, den normalen Grundgangarten des Pferdes, verfügt der Isländer noch über den Paßgang und den Tölt.

Der Paßgang ist relativ bekannt, weniger von Pferden als beispielsweise vom Kamel her. Aber auch beim Pferd wird diese Gangvariante oft sogar kultiviert, man denke nur an die berühmten Rennen der Paß-Traber in den USA.

Beim Paßgang – der eigentlich aus der Fußfolge im Schritt kommt – erfolgt die Vorwärtsbewegung im Zweitakt mit gleichzeitiger und gleichseitiger Fußfolge. Das heißt, unser Pferd stützt sich z. B. mit linkem Hinterbein und linkem Vorderbein am Boden ab, während das rechte Hinter- und das rechte Vorderbein nach vorne schwingen.

Der Paßgang kann von Schrittgeschwindigkeit bis zur schnellsten Trabfolge gesteigert werden, wobei im Rennpaß eine richtige Schwebephase feststellbar ist, in der alle vier Hufe gleichzeitig in der Luft sind, bevor wieder ein gleichseitiges Beinpaar auffußt. In der Beschreibung klingt dies alles etwas kompliziert, tatsächlich stellt der Paßgang für den Reiter eine äußerst angenehme Gangart dar, die schnell weiterbringt, alle Beine gleich stark belastet und speziell dem Island-Pony angeboren ist. Junge Tiere zeigen den Paß oft schon auf der Weide, ohne Hilfegebung des Reiters.

Isländer fußt rechts hinten und vorn gleichzeitig auf. Rechte Zwischenbeinstütze.

Isländer hebt rechts hinten und vorn gleichzeitig. Schwebephase aller Hufe bei schnellem Paß.

Isländer fußt links hinten und vorn gleichzeitig auf. Linke Zwischenbeinstütze.

Isländer hebt links hinten und vorn gleichzeitig. Bei schnellem Paß ergibt sich Schwebephase aller Hufe.

Im Sattel erreicht man den Paßgang durch wechselnde einseitige Hilfegebung von linkem und rechtem Gesäßknochen sowie verwahrendem und treibendem Schenkel. Bei gut zugerittenen Pferden ist diese Hilfe seitens des Reiters kaum noch erkennbar, der Isländer wechselt dann mühelos aus der einen Gangart in die nächste.

Die charakteristischste Eigenart des Island-Ponys ist der Tölt, eine Art Laufschritt mit eigener, unnachahmlicher Fußfolge. Man könnte den Tölt als einen in vier Takte zerlegten Paßgang bezeichnen, denn auch beim Tölt fußen die Hufe des Pferdes zuerst rechts hinten/rechts vorne und dann links hinten/links vorne auf. Dazu kommt allerdings noch ein Faktum, das eigentlich jedem ambitionierten Dressurreiter einen kalten Schauer über den Rücken laufen läßt. Der Tölt entwickelt sich nämlich nur bei ziemlich weit erhobenem Kopf und durchgestrecktem Unterhals. Der Reiter bemüht sich also – ganz im Gegensatz zum Dressurreiten –, das Pferd absichtlich weit über dem Zügel gehen zu lassen. In dieser Haltung arbeiten nämlich die vorderen und hinteren Gliedmaßen des Pferdes sozusagen getrennt voneinander, da die verbindende Spannung des Rückens absichtlich beseitigt wurde.

Gewiß hat man den Tölt vor langer Zeit dem Isländer anerzogen, denn er ist die wohl bequemste Gangart für den Reiter, besonders dann, wenn er auf dem Pferd recht lange Strecken zurücklegen muß. Im Tölt sitzt man ja in der sozusagen »ruhigen Zone«, während hinter und vor einem kräftig gearbeitet wird.

Es scheint verständlich, daß hervorragende Tölt-Isländer nicht gerade idealen Dressurtrab produzieren werden, schon aufgrund der ziemlich stark entwickelten Unterhalsmuskulatur. Aber die fünf Gangarten müssen alle gut ausgebildeten Isländer beherrschen.

In Österreich gibt es bereits eine Reihe von Betrieben, die sich für ihre Reitgäste mit Island-Ponys eingedeckt haben. Der bekannteste Platz der Island-Ponys ist jedoch Semriach unweit von Graz, wo die Island**pferde**-Reiterei optimal betrieben wird. Der dortige »Junior«, Johannes Hoyos, war erst kürzlich beim internationalen Rennen »Quer durch die USA« mit zwei seiner Isländer vertreten und erreichte – anfänglich nicht sehr ernst genommen – gegen stärkste Konkurrenz (einige hundert Pferde aller Rassen waren am Start) einen hervorragenden 13. Platz in der Gesamtwertung. Dies spricht wohl bereits ein Werturteil über den Isländer, der zu einem echten neuen Familienmitglied wird, das man sogar im Garten halten kann, sofern man nicht auf Zierbeete übergroßen Wert legt.

Als Reiter von Großpferden blickte ich, ganz ehrlich gestanden, etwas geringschätzig auf eines dieser intelligenten Tiere, das man mir anläßlich eines Besuches in Semriach für einen Ausritt zur Verfügung stellte. Auch hatte ich wegen meiner 76 Kilogramm Nettogewicht ein schlechtes Gewissen, wenngleich mich die robuste Statur von Johannes Hoyos etwas beruhigte. Nach den ersten paar hundert Metern, in deren Verlauf ich mich zunächst an ein neues Beinschlußgefühl gewöhnen mußte, begann die Sache aber schon Spaß zu machen. Auf dem ebenen, asphaltierten Weg arbeitete unter mir eine gutgewartete »Nähmaschine«, und dies noch dazu fast völlig stoßfrei – mein kleines Streitroß hatte offensichtlich den Tölt eingeschlagen. Nicht, daß ich dazu etwas Besonderes beigetragen hätte, aber diese Gangart schien ihm wohl angesichts der Wegoberfläche sowie der Geschwindigkeit die richtige zu sein.

Das Gelände wurde unwegsamer, schmale Waldpfade wechselten mit stimmungsvollen Lichtungen, und rechts unten – weit unten! – rauschte ein kräftiger Wildbach. Urplötzlich schwenkte Freund Hoyos im 90-Grad-Winkel nach rechts – und weg war er. Ich hatte allerdings kaum Zeit, mich nach seinem Verbleib umzusehen, denn auch mein Pferd, offensichtlich daran gewöhnt, stach schnurstracks in Richtung Wildbach hinunter. Als nicht völlig ungeübter Vielseitigkeitsreiter bin ich zwar einiges gewohnt, muß aber ehrlich zugeben, daß ich einen derartigen Abhang mit einem Großpferd kaum in Angriff genommen hätte.

Was mich am meisten überraschte, war die Ruhe, mit der wir nun talab glitten, wobei ich mich – entgegen der eigentlichen Regel beim Großpferd, wo man stets bestrebt ist, die Hinterhand zu entlasten – instinktiv weit zurücklehnte. Übrigens richtig, wie mir später bestätigt wurde, da ein Überschlag nach vorne bei einem so leichten Pferd durchaus vorkommen kann, wenn der Reiter nicht die nötigen Balancehilfen gibt.

Kaum hatte ich die Talsohle erreicht und erleichtert aufgeatmet, als ich schon wieder ein wenig nachdenklich wurde, denn nun ging es – quer durch den Wildbach, der mir bis zum halben Stiefel reichte – auf der anderen Seite wieder hinauf.

Mehrmals unterbrochener Spannungsbogen beim Isländer im Tölt. Strichlierter Pfeil = Zügelrichtung, durchgehender Pfeil = Gewichtseinwirkung.

Im Gegensatz zum Tölt ist der Spannungsbogen beim trabenden Isländer geschlossen. Strichlierter Pfeil = Zügelrichtung, durchgehender Pfeil = treibende Gewichtseinwirkung. Das Pferd trabt versammelt.

Isländer mit Reiter im Tölt. Der etwas vorgeschobene Unterschenkel des Reiters liegt treibend am Gurt.

Islandpony in dressurmäßig gerittenem Schritt.

Isländer im schnellen Tölt. Dabei ist das Umklappen der schwebenden Hufe während der Schwingbewegung charakteristisch.

Die Klettereigenschaften des Island-Ponys sind optimal. Meines kam jedenfalls nie außer Atem, blieb staubtrocken und war nach der etwa zweistündigen Reiterei genauso taufrisch und topfit, wie ich es bestiegen hatte. Ob unwegsames Gelände oder Asphaltstraße, Rennbahn oder beim Trekking – stets wird der kleine, robuste Isländer sein Bestes geben. Vielleicht mag er kein Pferd für eine Schönheitskonkurrenz sein, mit seinem dicken Hals und dem oft ziemlich schweren Kopf, aber solche Konkurrenzen sind ja bei Pferden äußerst selten. Keiner achte mir aber den Reiter gering, der »nur« auf Islandpferden reitet, denn dieser hat ganz gewiß oft mehr vom Reitsport als so mancher Sonntagsreiter, den man angsterfüllt auf einem Mietgaul dahinhoppeln sieht.

Oben: Die traditionelle Fuchsjagd durch die herrlichen Wiener Praterauen ist ein fester Programmpunkt des Reitvereins Freudenau (→ S. 139).
Der Reitverein Freudenau ist die aktivste Reitergruppe im Bundesland Wien. Zahlreiche Turniere, vom kleinen Reitertreffen bis zur Europameisterschaft, wurden in der Freudenau bereits erfolgreich durchgeführt.

Links: Oberinspektor Findeis leitet als Präsident seit vielen Jahren diesen Verein.

Bild Seite 34: Inmitten der Großstadt, in der Barmherzigengasse im 3. Wiener Gemeindebezirk, ist das Wiener Reitinstitut ein Pferdesportzentrum besonderer Art. Seit dem Tod des unvergessenen Dagobert Sekulitsch leitet der bekannte Turnierreiter Rudolf Meyer-Hiestand die Schule (→ S. 139).

Links und unten: Unweit von Wien, im Schloßpark von Laxenburg, ist der Union Reitclub Laxenburg zu Hause. Auch hier zählt die alljährliche Fuchsjagd mit Hörnerklang neben diversen Turniergroßveranstaltungen zu den reiterlichen Höhepunkten (→ S. 150).

Oben und rechts: Die Reitschule Schlager am Nordrand von Wien. Dressur- und Geländearbeit mit Schwergewicht auf der Jugendreiterei stehen hier im Vordergrund (→ S. 140).

Bild Seite 37: Den ersten Kontakt mit dem Pferd machen Kinder oft auf dem Rücken eines Islandponys. Diese gutmütigen kleinen Vierbeiner eignen sich hervorragend für Anfänger und Kinder. Kaum eine andere Pferderasse hat innerhalb der letzten Jahre in Österreich dermaßen an Beliebtheit zugenommen.

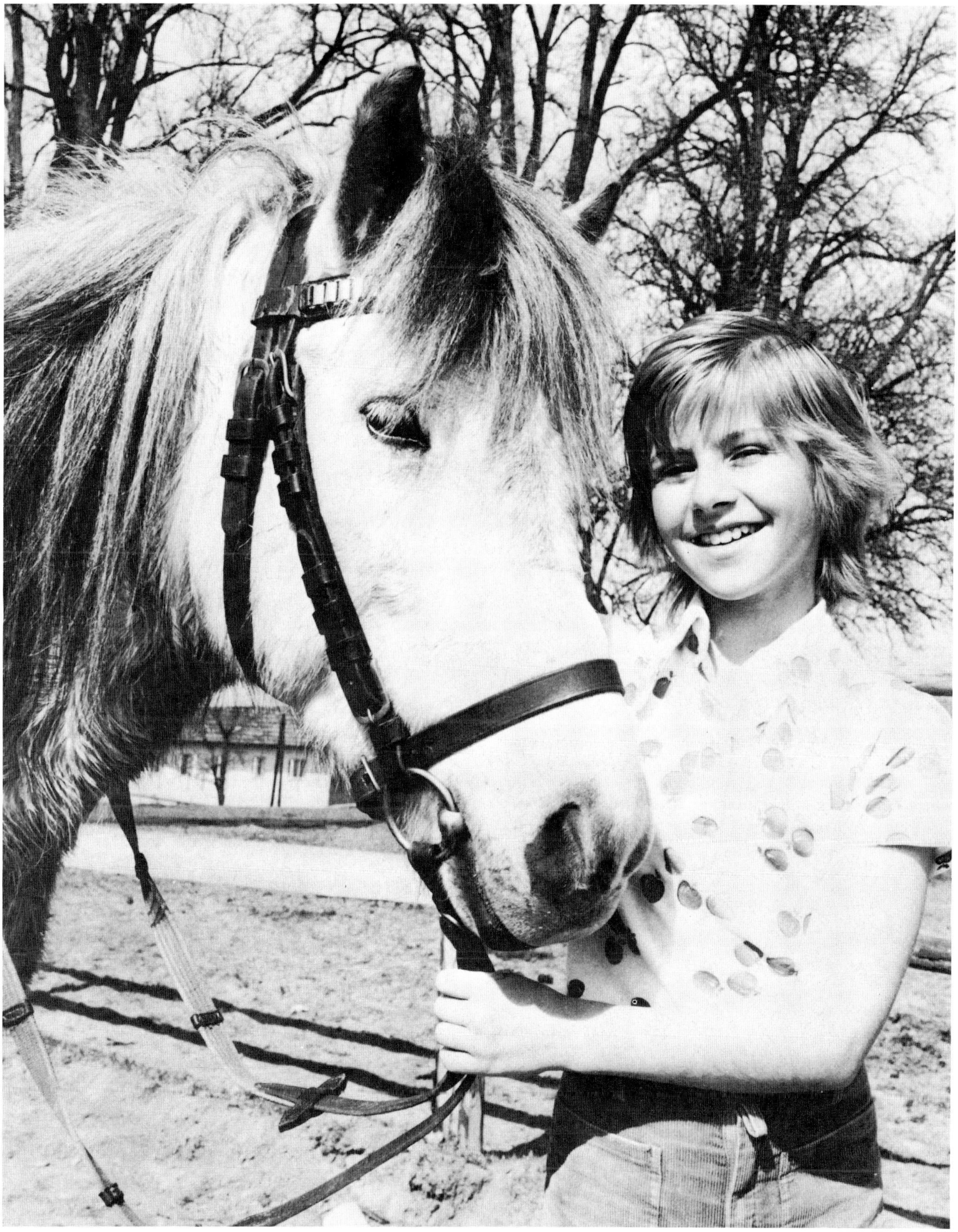

Oben: Ohne viel Vorbereitung kann man im Reitclub Weistrach im Obstgarten mit dem Island-pony Bekanntschaft schließen (→ S. 160).

Rechts: Traditionelle Ausübungsstätte des Reitsports ist der Reitclub St. Georg bei Schloß Wallsee (→ S. 159 f.).

Links: Eines der bekanntesten Reitsportzentren in Niederösterreich: der Reitclub Schloß Ebreichsdorf. Dressur- und Springlehrgänge bis zur höchsten Klasse werden hier regelmäßig durchgeführt.

Unten: Nur eingetragene Mitglieder können im Reitclub Sonnenranch in Wiener Neustadt in den Sattel steigen. Das Schwergewicht liegt auf ausgedehnten Geländeritten (→ S. 160).

Rechts: Oft innerhalb weniger Stunden sind selbst Kinder mit den Grundbegriffen der Reiterei auf dem Isländer vertraut.

Unten: Mut, Einfühlungsvermögen, aber auch das Sich-aufeinander-verlassen-Können sind die wichtigsten Voraussetzungen für den Springsport. Die Jugend lernt am schnellsten. Auf gut ausgebildeten Springpferden kommen Junioren oft rasch zu einem Turniererfolg. Beatrice Frey zählte innerhalb weniger Monate zum erfolgreichsten österreichischen Springreiternachwuchs.

Oben: Etwas größer als das Islandpony wird der österreichische Haflinger. Äußerst anspruchslos, eifrig und gutmütig, eignet er sich für die Freizeitreiterei besonders, wie sie etwa hier auf dem Gelände der Reitsport-Pension »Hubhof« in der Wachau betrieben wird (→ S. 141).

Links: Wassereinsprung bei einem Hubertusritt in Niederösterreich. Auf gut trainierten Pferden schafft man dabei innerhalb weniger Stunden 40 Kilometer und mehr.

Aus einer halb verfallenen Mühle schufen Joachim und Brigitte Grossauer eines der schönsten Reitsportzentren Österreichs. Der Kronberghof ist Reitschule und Countryclub zugleich. Ob gemütliches Lagerfeuer oder harter Vielseitigkeitsritt, Ferienkurse für Kinder oder ein saftiges Steak: all dies kann man hier optimal genießen (→ S. 148).

Links: Die Höldrichsmühle bei Mödling, NÖ., ist für ihre lukullischen Spezialitäten bekannt. Aber auch zehn gut ausgebildete Reitpferde stehen hier jedermann zur Verfügung (→ S. 146).

Unten: Nicht nur reiten kann man im Reitclub Crazy Horses in Aderklaa bei Deutsch-Wagram, auch Kutschenfahrten für Nichtreiter bringen Kontakt zum Pferd (→ S. 143).

Erst seit relativ kurzer Zeit wird Voltigieren auch in Österreich als Wettbewerb betrieben. Spielerisch leicht erlernen die Kinder auf dem Rücken eines gut ausgebildeten Voltigier-Pferdes das richtige Balancegefühl. Der Übergang zum Reitsport ist nach erfolgter Voltigier-Ausbildung meist nur mehr Formsache.

Zwei Amazonen, zwei Pferde, zwei Sprungbilder – und doch ein Unterschied. Während das Mädchen im Bild links noch offensichtlich Mühe hat, während der Sprungphase ihres Pferdes diesem synchron zu folgen, demonstriert Lisl Funder im Bild unten einmal mehr ihr großes Können, hier auf »Prince of France«. Keiner anderen österreichischen Reiterin gelang es während so vieler Jahre, im Spitzensport erfolgreich zu bleiben. Sie ist nach wie vor Österreichs Amazone Nummer eins.

Rechts: Für viele ist die Dressur die Krone des Reitsports. Tatsächlich dauert es etliche Jahre, bis ein Pferd die schwierigen Lektionen der Dressurklassen erlernt. Dies gilt auch für den Reiter.

Unten: Der Anfang beginnt an der Longe. Je nach Geschicklichkeit und Fleiß braucht der Reitschüler etwa 15 bis 30 Longierlektionen, bis er erstmals den Zügel in die Hand bekommt.

Das Burgenland eignet sich für die Reiterei wie kaum ein anderes Gebiet in Österreich. Pferdezucht, ja die enge Verbundenheit zwischen der Einwohnerschaft und dem Pferd überhaupt erhielten dem Land an der Grenze jenen ursprünglichen Reiz, der Ausritte im Burgenland so beliebt gemacht hat.

Rechts: Der ganzjährige Reitbetrieb ist ohne Reithalle heute kaum mehr denkbar. Die Reitervereinigung Markhof im Marchfeld, nicht weit von Wien, verfügt über eine modern ausgestattete Anlage, die allerdings nur von Clubmitgliedern benützt werden kann (→ S. 151).

Unten: Grundsätzlich anders hingegen: das Reiten auf dem Isländer. Auch im extremen Winter kämpft sich dieser Vierbeiner mit Begeisterung durch Eis und Schnee.

Aller Anfang ist leicht!

So paradox dieser Satz auch klingen mag, er steht absichtlich an der Spitze dieses Kapitels, schon in Anbetracht des Irrglaubens, der selbst heute noch viele davon abhält, mit der Reiterei zu beginnen.

Exklusiv, teuer, versnobt, gefährlich und ähnliche Attribute werden oft aus Unkenntnis gegen den Reitsport vorgebracht. Dabei sind praktisch alle derartigen Bezeichnungen grundfalsch und auch leicht zu entkräften.

Aber sehen wir uns zuerst den »Hauptdarsteller« unseres Sports genauer an, nämlich das Pferd. Über kein Tier wurde schon soviel Unsinn verzapft wie über jenen Einhufer, der seit Jahrtausenden so eng mit dem Menschen verbunden ist. Die Palette reicht vom dummen, aggressiven Schädling bis zum überintelligenten Fabelwesen à la »Fury«, dem zum Fressen – pardon: hier ist eher das Wort »Essen« angebracht – eigentlich nur noch Stoffserviette und Barmusik fehlen. Dabei ist es nicht schwierig, die Charaktereigenschaften unseres Sportpartners Pferd rasch zu begreifen, wenn man nur seine Ursprungsform näher betrachtet.

Das Urpferd, ein Herdentier, kannte nur eine Waffe: seine Beine. Es gebrauchte sie aber weitaus seltener als Abwehrinstrument denn zur Flucht. Hervorragendes Gehör und gute Witterung (zum Erkennen herannahender Gefahr) waren dem Steppentier ebenso unentbehrlich wie ein ausgeprägtes Gedächtnis und blitzschnelle Entscheidungsfähigkeit. Legt man diese Ureigenschaften auf das domestizierte Pferd unserer Tage um, wird man feststellen, daß sich daran kaum etwas geändert hat.

Vorsicht! Hier heißt es aufpassen. Unmißverständlich signalisiert ein solcher Pferdekopf negative Einstellung zum sich nähernden Menschen oder Tier.

Gewiß gibt es auch bei Pferden recht unterschiedliche Charaktere, aber kein Pferd kommt bösartig, bissig oder gefährlich auskeilend zur Welt. Trifft man mitunter auf solche Tiere – und selbst diese zeigen drohenden Unwillen fast immer vorher durch ärgerlich zurückgelegte Ohren an –, so waren es sicher unvernünftige oder gar böse Zweibeiner, die aus einem grundehrlichen, vielleicht etwas temperamentvollen Remonten jenes Tier gemacht haben, das nun furchterregend den Zugang zu Stand oder Box verwehrt.

Aber gottlob sind das Ausnahmen, obwohl: ein junges Pferd zu verderben geht leider viel schneller – und gelingt auch jedermann –, als es nachher mühselig zu redressieren, wofür nur wirkliche Fachleute geeignet sind.

Dennoch sollte man sich auch ruhigen und freundlichen Pferden nie unbekümmert nähern, sondern sie prinzipiell vorher ansprechen, sich davon überzeugen, daß dies eine Reaktion (Ohrenspiel, Kopfwendung usw.) hervorgerufen hat, und erst dann den entscheidenden letzten Schritt in die unmittelbare Reichweite tun – jedoch ohne zu zögern, da auch dies vom Pferd falsch verstanden werden könnte.

Als Anfänger in einer guten Reitschule gerät man kaum in dieses Dilemma, da man hier meist das fertig aufgezäumte Pferd vorgeführt erhält und erst viel später, beim Erlernen des Sattelns und Zäumens, mit dem Tier näheren Kontakt bekommt.

Selbstverständlich lernt die Jugend am schnellsten und leichtesten. Dank der immer mehr auftretenden Voltigiergruppen, wo den Kindern das Turnen am Pferd beigebracht wird, ist für solcherart vorgebildete Jugendliche und Junioren der Aufstieg in den Reitsattel nur noch Formsache.

Mehr einem gutmütigen Automaten als einem feurigen Mustang gleichend, spult das ausgebildete Voltigierpferd seine Lektionen im Schritt, Trab und Galopp herunter, wobei letzterer fast einem Zeitlupenfilm gleicht. Schon nach wenigen Lektionen schwingen sich die Kinder mit nahezu akrobatischer Sicherheit auf den Rücken des Voltigierpferdes, dessen Ausbindezügel am Voltigiergurt, der zwei Haltegriffe auf Rückenhöhe hat, befestigt sind.

Nach einigen Wochen Voltigieren haben die Knirpse dann schon mehr Gleichgewichtsgefühl und Einfühlungsvermögen als viele Erwachsene nach dem ersten Reitjahr. Und wechseln sie dann vom Voltigieren zum Reiten, so kommt es nicht selten vor, daß sie binnen weniger Wochen dermaßen losgelassen und doch richtig im Sattel sitzen, um am Training für leichte Dressur und Springen teilnehmen zu können.

Dennoch brauchen ältere Semester, die seinerzeit nicht das Glück hatten, mit Pferden in Kontakt zu kommen, nicht zu verzweifeln. Ein bißchen Mut, Durchhaltevermögen und Ehrgeiz gehören gewiß dazu, aber in welcher Sportart ist das anders? Der Leitsatz vom leichten Beginn steht absichtlich über diesem Kapitel, denn ein etwas sportlicher Mensch, gleichgültig, wie alt er auch sein mag, wird sich auf einem guten Schulpferd, das ausgebunden an der Longe seine ruhigen Runden dreht, sicherlich bald zurechtfinden. Dazu gehört aber ein erfahrener Reitlehrer, dessen Qualität man weniger an seiner lauten als vielmehr an seiner richtig erklärenden Stimme erkennt.

Sind die ersten Reitstunden – und damit auch der Muskelkater – vorbei, wurde der Einschnallhaken am Ende der Longe schon des öfteren aus seinem Befestigungsring am Pferdezaum genommen, und ist man bereits einige Runden »frei« geritten, wird es wieder etwas schwieriger.

Tatsächlich habe ich etliche Reitschüler erlebt, die zwar hartnäckig und verbissen die eintönigen Longestunden hinter sich gebracht hatten, aber dem Reitsport ade sagten, sobald die ersten Schwierigkeiten beim freien Reiten auftauchten.

Gewiß wird es gefährlicher, wenn man das vorher abgerittene Longierpferd mit einem normalen Reitpferd getauscht hat, aber auch der Begriff »gefährlich« ist relativ. Laut einer mehr als zehnjährigen Statistik in Laxenburg kommt auf etwa hundert absolvierte Reitstunden ein Sturz vom Pferd, besser gesagt: ein Herunterfallen. Das ist zwar obligatorisch mit der Patronanz für einen Liter Wein, aber bestimmt nicht mit großen Gefahren verbunden.

Auf etwa hunderttausend erfaßte Reitstunden, also auf etwa tausend »Herunterfaller« – in Wein ergäbe das bereits einen repräsentablen Heurigen –, kamen nur neun (!) Verletzungen schwererer Natur, die einen Krankenhausaufenthalt erforderlich machten. Das ist weniger als ein Prozent der Stürze.

Verglichen mit unserem Nationalsport, dem Schilauf, ist das Reiten billiger und auch ungefährlicher. Mit dem finanziellen Aufwand für ein Schiwochenende kann man bereits einen Monat lang reiten gehen. Die Ausrüstung ist ebenfalls billiger und der oben zitierte Sturz vom Pferd weitaus glimpflicher als der Sturz mit den gleitenden Brettern.

Selbst die »Sicherheitsbindung« gibt es – analog zum Schilauf – auch im Reitsport. Der Alptraum, nach einem Sturz im Bügel hängen zu bleiben und dann – wie im handfesten Wildwestfilm – Hunderte Meter weit nachgeschleift zu werden, gehört dem Reich der Fabel an. Beim gutgewarteten Sattel öffnet nämlich die Sicherheitsautomatik blitzschnell einen Metallflügel, sobald auf den Steigbügelriemen ein Zug von hinten auftritt. Übervorsichtige – dazu zählen auch erfahrene Turnierreiter – öffnen diesen Flügel prinzipiell vor jedem Ritt, was sicher nicht als falsch bezeichnet werden kann.

Die Anfangsausrüstung kann einfach sein, sollte aber über Blue jeans und Turnschuhe hinausgehen. So wie der Schiläufer heutzutage seine ersten Lektionen auf einem Material absolviert, das sehr wohl über Stahlkanten und guten Belag verfügen sollte, sind Reithose und Stiefel auch für den Reitanfänger anzuraten. Der Stiefelschaft schützt Knöchel und Waden vor dem Aufschürfen, die lederbesetzte Reithose tut dies weiter in Richtung noch heiklerer Körperteile.

Die Zeiten des Aufreitens – es gibt ältere Jahrgänge, die sich an harte Militärzeiten und ebensolche Bocksättel erinnern – sind praktisch vorbei. Das heutige Sattelmaterial und die moderne Reitkleidung verhindern dies. Anfangs wird man statt der vollen Reitstunde – das sind fünfzig Minuten – besser nur die Hälfte davon im Sattel zubringen. Aber nach einiger Zeit der Gewöhnung haben sich Haut und Muskeln auf die ungewöhnliche Belastung gewiß umgestellt.

Die richtige Haltung des Oberkörpers, der Schenkel und Arme aus einem Buch zu erlernen ist unmöglich. Auch auf diesem Sektor gibt es dermaßen viele hervorragende Fachbücher, daß ich darauf nicht näher eingehen möchte. Wenn Sie mich nach dem richtigen Lehrbuch fragen, wären vielleicht zwei Extreme zu empfehlen. Das amüsante Buch »So verdient man sich die Sporen« von Horst Stern, das nach den Erfolgen des Tierfachmannes im deutschen und heimischen TV soeben wieder groß herausgekommen ist, sowie die klassische Reitlehre, den in der x-ten Auflage immer wieder erscheinenden »Müseler«, auf den auch der erfahrene Reiter stets zurückgreift, wenn ihm irgend etwas nicht klar ist.

Dies scheint mir überhaupt der springende Punkt zu sein, auf den es im Reitsport ankommt: das immer neue Hinzulernen nämlich, zu dem sich selbst die großen Reitsportler stets bekennen. Kein anderer Sport – da nicht mit einem Lebewesen so eng verbunden – kann immer wieder so neu erscheinen und nicht zuletzt deshalb zur Passion werden, zu einer Passion, die echte Reiter ihr Leben lang nicht mehr losläßt.

DAS EXTERIEUR DES PFERDES

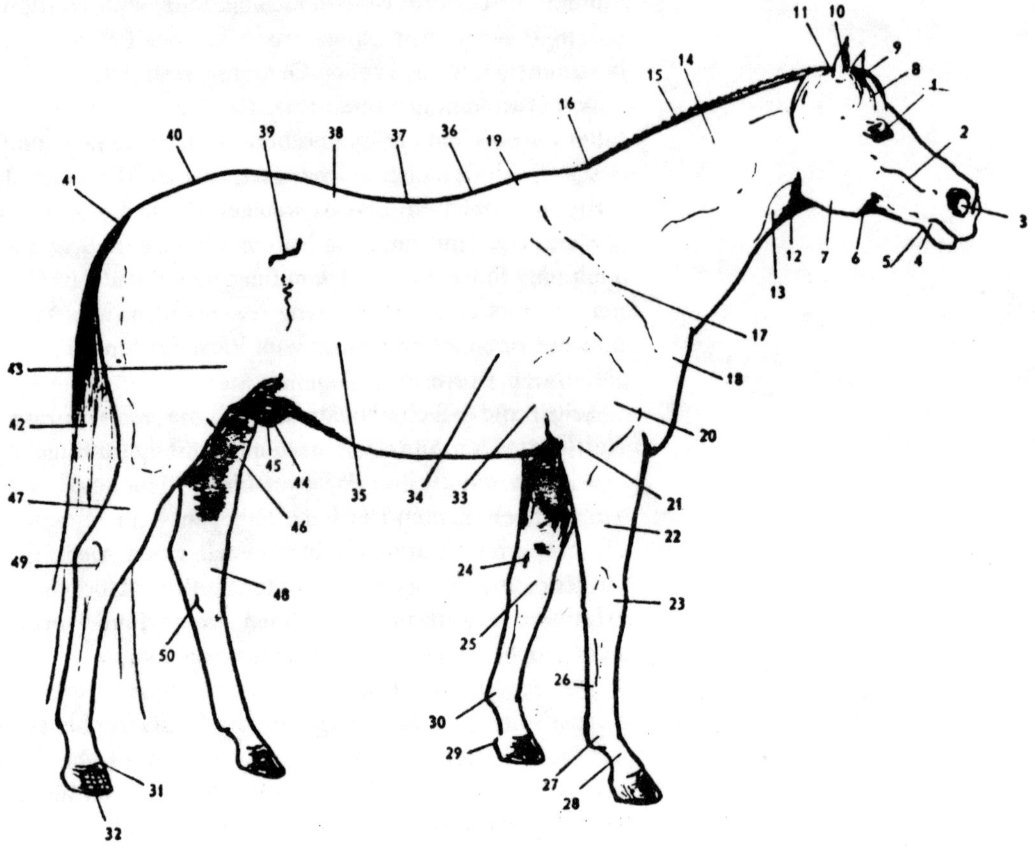

Diese fünfzig charakteristischen Punkte des Pferdes sollte jeder Reiter kennen.

1. Auge
2. Angesichtsleiste
3. Nüster
4. Lefze
5. Kinnkettengrube
6. Gefäßeinschnitt
7. Ganasche
8. Stirn
9. Schopf
10. Ohr
11. Genick
12. Kehlgang
13. Drosselrinne
14. Hals
15. Mähnenkamm
16. Axthieb
17. Schulter
18. Buggelenk
19. Widerrist
20. Oberarm
21. Ellenbogengelenk
22. Unterarm
23. Vorderfußwurzel-gelenk
24. Kastanie
25. Zehenstrecker
26. Beugesehne
27. Fesselkopf
28. Fesselbeuge
29. Ballen
30. Sporn
31. Kronenrand
32. Huf
33. Herzgegend
34. Vorderrippe
35. Hinterrippe
36. Sattellage
37. Rücken
38. Nierenpartie (Lende)
39. Hüfthöcker
40. Kruppe
41. Schweifansatz
42. Schweif
43. Oberschenkel
44. Schlauch
45. Kniefalte
46. Kniegelenk
47. Unterschenkel
48. Sprunggelenk
49. Sprungbeinhöcker
50. Kastanie

Doch, pardon, Sie können ja noch gar nicht reiten beziehungsweise ist das, was für Sie in dieser Phase die Reiterei ausmacht, ja erst der Anfang.

Wo beginnt man bei uns am besten mit dem Reitsport? Viele Interessenten machen im Urlaub die erste Bekanntschaft mit der Reiterei. In der Nähe gibt es bestimmt eine Pferdevermietung, das Wetter spielt einmal nicht so richtig fürs Schwimmen mit, Zeit hat man, also probiert man es auch einmal.

Das ist sicher grundfalsch und auch nicht ungefährlich. Die unrichtige Angabe über de facto nicht existente Reitkenntnisse mag wohl dem Pferdevermieter genügen – sich selbst erweist man damit jedoch keinen guten Dienst.

Im Segelboot mag das instinktive Loslassen des Hauptsegels genügen, auf dem Tennisplatz kann ruhig des öfteren danebengehaut werden, aber als völlig Unerfahrener – vielleicht von »guten« Freunden dazu animiert – ein Reitpferd zu besteigen ist keineswegs mutig, eher dumm!

Immer wieder begegnet man solch armen Teufeln, die, Klammeraffen nicht unähnlich, auf rasch geliehenen Pferden durch die Gegend schaukeln und dabei nicht einmal herunterfallen müssen, aber aufgrund unliebsamer Erinnerungen nicht selten dem Reitsport für immer verlorengehen. Diesen Pseudoreitern wird der Anfang alles andere als leicht, zumal dann in der Heckfensterablage ihres Autos Reitkappe und Gerte in der Sonne ausbleichen. Ein Minimum an Grundschulung muß eben sein. Dies haben in Österreich auch schon die meisten Reitschulen und Mietpferde-Unternehmen erkannt, denn es gibt auch hier schon fast überall Unterricht für Anfänger.

Dieser Unterricht ist unterschiedlich, und man sollte dabei einige Grundsätze beherzigen. Reiten lernen kann man nicht in der Abteilung, auch wenn man nach wenigen Longestunden in die Geheimnisse des »Leichtreitens« eingedrungen zu sein scheint. Nur der individuelle Einzelunterricht kann uns dem Reitsport näherbringen, kann langsam jene Sicherheit geben, aus der dann auch die Freude am Sport kommt.

Gewiß ist die Einzelstunde teurer als der Gruppenunterricht, aber umgerechnet kommt man damit dem Ausbildungsziel – gut und sicher im Sattel zu sitzen – rascher und daher billiger näher.

Die Kosten einer Reitausbildung in Österreich sind unterschiedlich. Etwa 60,– bis 100,– Schilling pro Reitstunde wird man durchschnittlich anlegen müssen, für die Einzelunterrichtsstunde entsprechend mehr. Trotz der höheren Kosten sind Einzelstunden sehr begehrt und nicht überall leicht zu erhalten. Es gibt nach wie vor zu viele Interessenten und viel zuwenig Lehrer. Sollten Sie aber das Glück haben, Einzelstunden zu bekommen, konsumieren Sie diese aufmerksam, und schon bald werden Sie merken, daß es aufwärtsgeht.

Zu Beginn merkt man von der vielgerühmten Eleganz des Reitens allerdings eher wenig. Wie vorbeischwebende, gewichtslose Wesen beurteilte man bisher alles, was man so im Sattel sah – und nun erhält man auf Schritt und Tritt des Schulpferdes einen Stoß versetzt, als würde man auf einem Preßlufthammer sitzen. Doch nicht verzagen, auch das geht vorbei! Der Anfänger an der Longe oder beim ersten freien Reiten auf dem noch ausgebundenen Pferd hat das sogenannte Leichttraben eben noch nicht so im Gefühl, als daß es ihm stets gelänge, die einzelnen Trabschritte abzufangen. Er beginnt – gezwungenermaßen – mit dem Aussitzen der Pferdebewegung, was er dann viel später, beim einfachen Dressurreiten erst, wieder brauchen wird.

In dieser Phase spielen auch noch andere Faktoren mit. Nicht jedes Pferd »wirft« den Reiter im Trab gleich stark. Tiere mit kurzem Rücken werfen stärker als solche, deren Rücken länger ist und daher weicher schwingt. Gelernt werden muß daher zuallererst das »In-der-Bewegung-Mitgehen«, das »Sich-der-Bewegung-Anpassen«. Auf manchen Pferden haben hier sogar fortgeschrittene Reiter Schwierigkeiten, und ich erinnere mich an eine Teilnehmerin bei einer olympischen Dressur, die im starken Trab ganz ordentlich im Sattel »geworfen« wurde, obwohl man ihr bestimmt nicht schwache Reitkenntnisse nachsagen konnte.

Durch Erlernen dieses Sich-Anpassens an die Bewegung des Pferdes kommt man dann schließlich zu jener »Losgelassenheit«, die als Vokabel an sich unverständlich ist, aber erst den geschulten Reiter ausmacht.

Dies schreibt sich sicherlich leichter, als bis man es im Sattel tatsächlich erreicht, aber jene völlige Entspannung der für das Reiten gänzlich überflüssigen Muskeln, jenes Erreichen des richtigen Balancegefühls (bei fest geschlossenen Schenkeln, tiefem Sitz im Sattel, ebenso tiefen Stiefelabsätzen und in Reitrichtung zeigenden Stiefelspitzen) führen zuletzt zu jenem befreienden Gefühl, das den Fortschritt im Erlernen des Reitsports anzeigt und keinerlei Angst mehr aufkommen läßt. Denn kein Reiter, der mit Angst im Bauch ein Pferd besteigt, kann jene Losgelassenheit je erreichen, ohne die man aber ganz bestimmt keinen Spaß am Reiten hat.

Keine Sorge, es kommt immer wieder! Jenes Gefühl nämlich, das hauptsächlich in der Magengrube beheimatet zu sein scheint. Spätestens beim ersten Springunterricht, da man sich des alten Spruches »Der Reiter werfe nur sein Herz voraus über das Hindernis, dann springt sein Pferd auch darüber« wohl entsinnt, aber besagtes Organ ohne jede Transplantation mittlerweile in die Hose gerutscht ist und dort unauffindbar bis zum Schluß der Stunde verbleibt. Doch davon später.

Die Grundausrüstung für den Reitsport

Sicher haben Sie schon beim Durchblättern einer Illustrierten oder einer sportlich orientierten Modezeitung die vielen Abbildungen von modebewußten flotten Reiterinnen gesehen. Sie wirken durchwegs wie aus dem berühmten Schachterl, diese oft Todesangst ausstehenden Mannequins, sollte dazu noch – im Hintergrund, versteht sich! – ein Pferd zu sehen sein.

Für einen Fernseh-Werbespot drehte einmal eine Filmfirma einige Szenen in einem größeren Reitclub. Dabei sollte eine – übrigens bildhübsche – junge Dame in prächtiger Reitkleidung mit nachlässiger Eleganz auf ein wartendes Pferd zuschreiten, ihm freundlich auf den Hals klopfen, es sodann besteigen und schließlich – im Schritt – aus dem Bild reiten. Das flotte Davongaloppieren hätte ein reiterlich geschultes, wenn auch weniger formvollendetes Double – in gleicher Kleidung – erledigt.

Bis auf letzteres ging so ziemlich alles schief. Die junge Dame näherte sich dem gutmütigsten aller Schulpferde, rein instinktiv, mit der gleichen Ängstlichkeit wie eine zum Harakiri entschlossene Maus einer Katze. Das Abklopfen am Hals glich den vorsichtigen Versuchen des Auslösens einer Mausefalle. Und aus dem Aufsteigen wurde überhaupt nichts, da das modebewußte Geschöpf keineswegs imstande war, den linken Stiefelabsatz auch nur in etwa in die Höhe des langgeschnallten Steigbügels zu bringen. Aber schick sah sie wirklich aus, das ist mir noch heute in guter Erinnerung. Der Spot kam schließlich dennoch zustande – dank der heutzutage praktisch unbegrenzten Möglichkeiten des Filmtricks.

Damit soll nur gesagt werden, daß die elegante Reitkleidung, das Plastron und die auf Hochglanz polierten Stiefel allein noch lange keinen Reiter ausmachen, aber einiges an Ausrüstung braucht man dennoch.

Neben Lederstiefeln – zur Not tun es auch solche aus Gummi, obwohl man in ihnen leicht schwitzt – und einer gut passenden Reithose ist der Reithelm wichtig. Dieser muß weit weniger schick als vielmehr stabil sein, denn er dient ja als Kopfschutz. Er soll gut sitzen, damit er nicht gerade dann, wenn man ihn am nötigsten braucht – nämlich bei einem unfreiwilligen Abstieg –, in Verlust gerät. Lederstiefel werden in verschiedenen Qualitäten angeboten, ebenso in verschiedenen Schaftlängen und -weiten. Der Maßstiefel ist die sicherlich beste, wenn auch kostspieligste Lösung. Einen guten Kompromiß zwischen Leder- und Gummistiefel stellt heute der Plastikstiefel dar. Moltoprenfütterung und PVC-Außenhaut – sie unterscheiden sich optisch kaum vom Leder – sind eine gute Kombination. Auch viele Turnierreiter verwenden den PVC-Stiefel, weil er leicht zu reinigen ist und überdies keine Spannhölzer benötigt, die das Anziehen eines guten Maßstiefels stets zu einer ziemlich zeitraubenden Angelegenheit machen.

Die Reithose muß vor allem gut passen, man soll sich in ihr wohl fühlen, nicht in sie hineingepreßt. Rund um den Körperteil, mit dem Sie den engsten Sattelkontakt haben, muß etwas Platz sein. Hauteng geschnittene Reithosen, wie man sie heute vielfach sieht, mögen recht flott aussehen, zum richtigen Reiten sind sie nur bedingt geeignet. Die Hose darf auf dem Gesäß und in der Knielage keine Falten machen. Ordentliche Reithosen haben einen Lederbesatz an der Knieinnenseite, der einen besseren Halt am Sattelblatt verleiht. Lederne Reithosen gibt es ebenfalls im Handel. Sie sind angenehm zu tragen, vermitteln einen guten Sattelkontakt und eignen sich besonders für längere Ritte.

Bei der Farbwahl sollte man eher gewisse Schutzfarben bevorzugen, denn Stammgast in der nächsten Putzerei ist man ohnedies bald genug. Grau, braun oder beige sind die landläufigen Reithosenfarben; sie passen auch zu Sattel und Pferd. Freilich kann man die Reithose auch selber waschen, doch bei Ganzlederhosen sei eindringlichst davor gewarnt, da die ursprüngliche Form fast nie mehr erreicht wird.

Für den Normalverbraucher zu Pferd existieren keinerlei bestimmte Bekleidungsvorschriften. Vielleicht wird man einmal auch ein entsprechendes Sakko erwerben, wie es sie in allen Größen zu kaufen gibt.

Anders bei reitsportlichen Veranstaltungen, also bei Turnieren, Fuchsjagden oder Hubertusritten. Auf dem Turnier wird bei Prüfungen im Springen aller Klassen sowie in der Dressur bis zur Klasse LM ein Reitrock vorgeschrieben, der schwarz, rot oder blau sein kann, dazu eine weiße oder zumindest helle Stiefelhose, schwarze oder dunkelbraune Reitstiefel, auch mit Stulpen, ein weißes Hemd mit weißem Plastron bzw. einer weißen Krawatte und dazu eine schwarze Reitkappe.

Bei lokalen und regionalen Turnieren (CHL und CHR) ist auch Vereinskleidung zugelassen sowie ein weißer Rollkragenpulli anstelle des Hemdes mit Plastron oder Krawatte.

Ab der Klasse M in der Dressur werden ein langer schwarzer Rock und ein runder schwarzer Hut verlangt oder, alternativ, dunkler Reitfrack und Zylinder.

Die Handschuhvorschrift ist gefallen, da sehr viele Springreiter heute lieber ohne Handschuhe reiten. Trägt man dennoch welche, so müssen sie weiß oder hell sein.

Etwas besser haben es da die Military-Reiter, denn im Gelände gibt es keinerlei Kleidungsvorschriften, wohl aber die Pflicht, einen splittersicheren Sturzhelm zu tragen. In der Dressur und im Springen müssen auch die Vielseitigkeitsreiter obige Vorschriften beachten.

Vom Preis her kommt eine Grundausrüstung nicht einmal allzu teuer. Der Reithelm kostet etwa S 300,–, die Reithose kann man ab S 650,– kaufen, Gummistiefel kosten ungefähr soviel wie der Helm, PVC-Stiefel etwa S 700,– und Lederstiefel schließlich S 800,– bis etwa S 2000,–. Die Obergrenze für feinste Maßstiefel liegt bei ca. S 4000,–. Aber um etwa S 2000,– kann man, inklusive Reitgerte und Handschuhe, schon eine durchaus ordentliche Reitausrüstung erstehen.

Nach der Volksschule, was nun...?

Hat ein Reiter seine Arbeit an der Longe und die ersten Reitstunden frei reitend hinter sich gebracht, folgt die Zeit der Perfektionierung. Der Sitz wird immer zügelunabhängiger, die Schenkel liegen bereits ruhig und fest an den Sattelblättern, ja selbst das Kreuz beginnt schon mitunter als treibende und verhaltende Hilfe mitzuspielen. Man kann sagen, unser Reiter sitzt bereits recht ordentlich im Sattel. Der Wunsch nach einem so richtig durchgehenden Pferd ist zwar noch nicht gefestigt, aber die Reitmöglichkeiten in der näheren Umgebung des Wohnortes werden bereits abgegrast und in Augenschein genommen.

Eine erste Unzufriedenheit tritt zu diesem Zeitpunkt dann auf, wenn die zur Verfügung stehenden Pferde von etwas beschränkter Qualität sind. Die »Rent a Horse«-Exemplare verfügen ja mitunter tatsächlich über Eigenschaften, die dem ambitionierten Reitneuling das Weiterkommen nicht eben leicht machen.

Vom Herdentrieb war schon die Rede. Dieser Urtrieb ist bei Pferdevermietungen, die prinzipiell nur in der Gruppe Ausritte organisieren, oft anzutreffen. In der Gruppe gehen die Pferde auch recht willig, ja flott – nur wehe, wenn man ein solches »Gruppentier« einmal als Solist für einen Ausritt nimmt! Das Pferd scheint verunsichert, tritt zögernd, ja unwillig vor sich hin und wirkt urplötzlich weitaus schreckhafter als gewohnt. Aber man will sich verbessern, das Dahingeschaukeltwerden ist zu langweilig geworden, die Maulwinkel scheinen zu unempfindlich.

Schon jetzt an den Kauf eines eigenen Pferdes zu denken wäre zwar naheliegend, jedoch grundfalsch. Viel zuwenig noch hat man die Eigenschaften des Tieres namens Pferd kennengelernt, viel zu selten war man bis dahin in gewissen Grenzsituationen, um gleich den großen, weil letzten Schritt des Pferdeliebhabers wagen zu können.

Oft erlebt man Reiter, deren Drang zum Eigenpferd zu früh erfüllt wurde. Das Ergebnis ist meist recht traurig, denn sieht man solchen Leuten beim Reiten zu, bleibt die Frage ungelöst, wer nun eigentlich unglücklicher ist, der Reiter oder das Pferd. Spaß macht es keinem von beiden.

In dieser Situation ist nun der Wechsel von der Pferdevermietung, die letzten Endes oft davon lebt, daß man – wenn auch nicht immer begeistert – Hinz und Kunz aufs Pferd lassen muß, in einen der vielen Reitvereine anzuraten, die es in Österreich gibt. Genaue Auskunft erhält man am besten beim jeweiligen Landesfachverband für Reiten und Fahren, einer der neun Mitgliedsorganisationen des Bundesfachverbandes.

Hat man das Glück, den richtigen Verein zu finden, eröffnet sich oft eine neue Dimension des Reitens für unseren ambitionierten Anfänger, denn ein solcher ist er ganz bestimmt noch immer.

Er steht nun plötzlich Pferden gegenüber, ja kann auf solchen reiten, die sich von den bisherigen grundlegend unterscheiden. Er erlebt ein völlig neues Reitgefühl, macht dabei allerdings mitunter auch Bekanntschaft mit dem Hallen- oder Wiesenboden, da die bis zur Sturheit verlangte Gutmütigkeit der oft viele Stunden pro Tag eingesetzten Mietpferde nun wegfällt. In vielen Vereinen, aber auch in diversen privaten Reitställen kann man auf den Schulpferden bis zum Niveau des österreichischen Reitsportabzeichens in Bronze vorstoßen, das heißt Dressur und Springen der Klasse A (Anfänger). Die Prüfung für das Reitsportabzeichen ist zumeist die Obergrenze der Leistungsfähigkeit eines Schulpferdes, sie soll es auch sein. Das Absolvieren einer A-Dressur verlangt das Reiten eines Pferdes in den drei Grundgangarten Schritt, Trab und Galopp sowie einfache Hufschlagfiguren auf Kommando, geritten auf einem Viereck mit den Maßen 20 x 40 Meter.

Ein A-Parcours hat die Maximalhöhe von 1,10 Meter und sollte von jedem Reiter auf dem geeigneten Pferd geritten werden können.

Zum Abzeichen gehört auch eine Theorieprüfung, die von erfahrenen Turnierrichtern abgenommen wird. Das »Bronzerne« ist die Grundbedingung für die Erlangung einer Reiterlizenz, die zum Reiten bei Turnieren berechtigt.

Nach ein paar Wochen im Verein kann man sich das Reiten auf anderen Pferden kaum mehr vorstellen. Hat man dazu noch einiges Talent und auch bald Kontakt zu anderen Clubmitgliedern mit Eigenpferden gefunden, ergibt sich nach einiger Zeit bestimmt die Möglichkeit, auf eines der ansonst »heiligen« Privatpferde steigen zu dürfen, wenn deren Besitzer einmal an der Konsumierung der täglichen Reitstunde verhindert sein sollte – und das passiert uns allen leider weit öfter, als uns lieb ist.

Daneben sollte die solide Grundausbildung weitergehen, denn nur sie ist die Basis für eine reiterliche Vervollkommnung. Auch stellt ein bisweiliges Zurückkehren an die Longe bestimmt keinen Rückschritt dar, denn hier können die treibenden Hilfen verbessert werden, und völlig zügelunabhängig sind wir ja noch immer nicht. Ebenso ist das Reiten ohne Bügel ein recht gutes Training, um einen tiefen Sitz zu erreichen. Dabei werden die Bügelriemen gekreuzt vor den Sattel gelegt. Beim Reiten ohne Bügel gibt es gewisse Finessen, wie beispielsweise den Versuch, dabei leicht zu reiten, was gar nicht so einfach ist. Alles in allem eine gute Übung, die das Balancegefühl weiter schult.

In dieser Phase des Reitenlernens kommt der Zügelführung stets größere Bedeutung zu. Der Reiter beginnt sein Pferd an den Zügel zu stellen, um so eine bessere Versammlung des Tieres zu erreichen. Dadurch verlagert sich das Hauptgewicht des Pferdes weiter nach hinten, und die Hinterbeine treten stärker unter. Der Reiter entlastet damit die Vorderbeine seines Reittieres. Gerade Anfänger, die froh sind, irgendwie im Sattel zu bleiben, haben ja keine Möglichkeit, auf die Versammlung, das »Zusammengestelltsein« des Pferdes, zu achten. Man sieht sie daher vorwiegend auf der Vorderhand reiten – ein Zustand, aus dem das Pferd kaum oder nur schwer die Hilfen des Reiters annehmen kann.

Eigentlich kann ich reiten...

Zu dieser positiven Erkenntnis kommt man oft recht überraschend und unerwartet, sei es bei einem gemeinsamen Ausritt oder einer Fuchsjagd, für die man ein Pferd für einen halben Tag ausgeborgt hat. Man sieht, wie andere sich noch verkrampft an die Zügel klammern, hat aber selbst keinerlei Probleme. Oder man merkt es nach dem Durchgehen eines vielleicht etwas zu lange im Stall gewesenen Pferdes, das man – wenn auch mit ein wenig Herzklopfen – wieder unter Kontrolle gebracht hat.

Apropos Durchgehen! Für viele ist es das Schrecklichste, das einem Reiter passieren kann. Nun, angenehm ist es wirklich nicht, wenn das Pferd unter einem die Geschwindigkeit plötzlich zu verdoppeln scheint, obwohl man sich bereits in recht flottem Galopp glaubte. Der Pferdekörper wird immer länger, die Hufe scheinen kaum den Boden zu berühren, und der Hals wippt immer schneller auf und ab.

Das wichtigste dabei ist, nicht die Nerven zu verlieren, auch kommt es darauf an, wo ein Pferd durchgeht. Auf weitläufigem, freiem Gelände ist es nur halb so schlimm, denn es gibt genügend Platz. Grundregel: Fester Knieschluß, sonst könnte eine plötzliche Richtungsänderung unseres »Renners« bereits genügen, um den Reiter abzuwerfen. Ferner guter Zügelkontakt, um die Trense im Pferdemaul dort zu fixieren, wohin sie gehört, widrigenfalls sie dem Pferd unter die Zunge rutscht oder gar zwischen die Zähne kommt, was spätere Paraden nicht eben erfolgversprechend ausfallen ließe. Dazu ein leichter Sitz, das heißt, der Reiter steht, etwas vornübergebeugt, in den Steigbügeln. Dies ist selbstverständlich kein Dauerzustand, denn irgendwann will man ja das erlösende Bremsmanöver einleiten.

Dafür gibt es prinzipiell zwei Möglichkeiten. Entweder man versucht nach einiger Zeit – Pferde werden im Renngalopp viel rascher müde, als man annimmt oder befürchtet – durch festes Sich-in-den-Sattel-Setzen, verwahrende Kreuzhilfen und kräftige Zügelanstellung (links-rechts, links-rechts) das durchgehende Pferd wieder in die Normalgeschwindigkeit zu bringen, oder man lenkt es auf eine übergroße Tour, also auf eine Kreisbahn, die man immer kleiner werden läßt. Die Spirale endet schließlich in einer kleinen Tour, die die Ursprungsgeschwindigkeit gar nicht mehr zuläßt.

Problematischer sind durchgehende Pferde in unübersichtlichem Gelände oder gar auf Waldwegen. Das Fluchttier Urpferd bricht dann gelegentlich gefährlich hervor, da ein durchgehendes Pferd mitunter ohne Rücksicht auf Verluste oder Eigenverletzungen einfach davonsaust. Hier hilft nur die kräftige, vehemente Parade, denn abwarten könnte in dieser Situation gefährlich werden.

Das urplötzlich voll durchgehende Reitpferd ist oft der Alptraum jedes Durchschnittsreiters. Fester Knieschluß und überlegtes Handeln sind hier die wichtigsten zu beachtenden Punkte.

Das Instrumentarium für die Verstärkung der Reiterhilfen ist umfangreich. Es beginnt bei einer etwas schärferen, sprich dünneren Trense, die aber nur in die Hand des guten Reiters gehört, und geht über das Pelhamgebiß (Hebelübersetzung als Zusatz) bis zur Kandare, die in den höheren Dressurprüfungen verwendet wird. Auch die jagdbegeisterten englischen Reiter verwenden heute kaum noch die via vier Zügel gehandhabte Kandare, sondern fast durchwegs das Pelham. Normalerweise wird man jedoch mit der einfachen Olivenkopftrense das Auslangen finden, denn durchgehende Pferde sind gottlob selten, überhaupt wenn sie regelmäßig geritten werden.

Die üblichen Gruppenreitstunden und gemütlichen Ausritte stellen für viele Durchschnittsreiter auch das Ende ihrer Reitkarriere dar. Hier, an diesem Punkt der Ausbildung, könnte man tatsächlich eine dicke Trennlinie ziehen. Was nun folgt – und viele wollen ja doch noch weiterkommen –, ist mit etlichen Problemen verbunden, die wichtigsten davon sind Zeit und Geld.

Will man aber wirklich mehr erreichen und hat man mit zu großem Verlangen nach umherliegenden Baumstämmen geschielt und den Turnierreitern des Vereins zugesehen, wenn sie, der Schwerkraft scheinbar entrückt, über die bunten Oxer und Mauern gesprungen sind, so wird es nun Zeit, das Training für die nächste Stufe der Reiterei energisch anzugehen.

Nur wenige Vereine sind in der Lage oder bereit, die vorhandenen Schulpferde auch turniermäßig einzusetzen. Das Risiko einer Verletzung und der notwendige Aufwand sind einfach zu groß. Aber der Sprung über ein kleines, natürliches Hindernis sowie aufbauendes Gymnastiktraining über Cavaletti sollten eigentlich überall »drinnen« sein.

Für unseren Reiter kommt jetzt, nach Erreichen eines leidlich guten Sitzes, eine völlig neue Haltung hinzu, das richtige Mitgehen beim Springen. Zunächst ist der Unterschied gar nicht so groß. Man springt über die niederen Hindernisse (am besten aus dem Trab), steht in der Sprungphase, sprich »Hoppelphase«, leicht in den Bügeln auf, die Hände verlieren dabei nie den Kontakt via Zügel zum Pferdemaul, wobei es besser ist, wenn die Zügel einmal durchhängen, statt das Pferd im Maul zu reißen. Aus einem »Hoppler« werden dann mehrere hintereinander, die Sprünge werden höher und weiter, bis einmal der Trab nicht mehr ausreicht, um sicher und rund über den Sprung zu kommen.

Links: Noch ersetzt der Halteriemen auf der Sattelkammer die Zügel. Für den Anfang genügen Tennisschuhe und eine lange Hose, wenngleich Reithose und Stiefel auch das Erlernen des Reitens erleichtern. Der Knieschluß wird rascher gefunden, die Gefahr des Wundreibens fällt weg.

Unten: Erster Ausritt nach erfolgreich absolvierter Lehrzeit an der Longe. Man kann zwar noch lange nicht richtig reiten, aber solche angenehme Unterbrechungen während der Ausbildungszeit, auf ruhigen, vorher abgerittenen Pferden, erhalten dem Reitschüler die Freude am Sport.

Rechts: Ritte durch den Schilfgürtel des Neusiedler Sees zählen zu den romantischen Höhepunkten des Reitens im Burgenland.

Unten: Sattelpause bei einem der malerischen Ziehbrunnen. Die Bügel werden versorgt, der Bauchgurt wird gelockert, und für Pferde und Reiter folgt ein erfrischender Trunk, wobei nach altem burgenländischen Brauch nur erstere Wasser bevorzugen. Dann wird der Ritt fortgesetzt.

Bild Seite 63: In ihrer schmucken Landestracht präsentiert sich die Reitergruppe Halbturn, deren Pferde nicht nur unter dem Sattel gehen und an Turnieren teilnehmen, sondern auch zur Feldarbeit herangezogen werden.

Oben: Von Illmitz am Neusiedler See ausgehend, führen die Ausflüge des Reiterhofs Mann ins zauberhafte Ufergelände des Neusiedler Sees und in dessen Naturschutzgebiete (→ S. 164).

Rechts: Weit ausgedehnte Spazierritte sind auch die Spezialität der Islandpferdevermietung Weistrach im Obstgarten (→ S. 160).

Oben: Wohnwagenromantik, aber nicht in den USA, sondern im Burgenland. »Mit dem Pferdewagen durch die Pußta!« lautet die Devise für moderne Nomaden (→ S. 97).

Links: Wanderungen im Sattel für jung und alt organisiert Alois Lechner mit seiner Pferdevermietung »Römerhütte« auf Haflingern im landschaftlich abwechslungsreichen Wechsel-Gebiet (→ S. 168 f.).

Rechts: Zum Seeappartement »Türkenhain« gehört die Reitschule Purbach. Gut ausgebildete Reitpferde und ein geschulter Reitlehrer sorgen für eine gediegene Reitausbildung während des Urlaubs (→ S. 166).

Unten: Acht- bis vierzehntägige Zeltlager mit Reitkursen während der Sommermonate sowie auch mehrtägige Ausritte sind die Spezialität des Ersten Burgenländischen Reitvereins Stegersbach, wo zwanzig Reitpferde dem Hobbyreiter zur Verfügung stehen (→ S. 166).

Die Zeit scheint stehengeblieben zu sein, wenn man mit dem Pferd in vielen Teilen des Burgenlandes unterwegs ist. Stundenlang sieht und hört man kein Motorfahrzeug. Die Heroldmühle in Marz bei Mattersburg (links) stammt aus dem 13. Jahrhundert und wurde von Dr. Franz X. Schmöllerl zu einem besonders hübschen Reitsportbetrieb adaptiert. Der ehemalige Spitzenrallyefahrer fand in der Ruhe seines Refugiums einen neuen Wirkungsbereich. Kinder können hier auf Shetlandponys reiten, der nahe gelegene Marzerkogel ist ein Naturschutzgebiet, das herrliche Reiterlebnisse garantiert (→ S. 164 f.).

Oben: Der Ponyzucht hat sich die Familie Lienlbauer in der Ramsau, Steiermark, verschrieben. Von hier aus finden die kleinen Reittiere ihren Weg ins In- und Ausland.

Rechts: Die Vielseitigkeitsreiterei (Military) wird im Reitclub Sachendorf bei Knittelfeld großgeschrieben, aber selbstverständlich auch Dressur und Springen bis zur Klasse M. Finden hier Turniere statt, so wird die 20 x 40 m große Reithalle zu einem Stall umgewandelt (→ S. 167 f.).

Zu diesem Zeitpunkt muß der Reiter bereits ein wenig von jenem Gefühl besitzen, das dann auch für das Anreiten höherer Hindernisse Grundbedingung ist. Bis zur Höhe von etwa einem Meter ist es nicht so wichtig, wie richtig man zum Absprung kommt, das heißt, auch unterlaufene (beim Absprung zu nahe am Hindernis) Hindernisse bzw. ein zu frühes Abfußen vor dem Hindernis stellen für ein durchschnittliches Reitpferd noch keine Probleme dar. Wichtig ist nur, daß die Hindernisse bewußt, direkt und gerade angeritten werden, wobei immer die Mitte des Hindernisses angepeilt werden sollte.

Ein Parcours der Klasse A setzt sich aus acht bis zehn Sprüngen zusammen. Die zu reitende Linie ist einfach, die Breite der Hindernisse nicht allzu groß. Ein gutgerittenes Schulpferd mit einem durchschnittlichen Reiter sollte eigentlich mit Anstand über einen solchen Parcours kommen, wie er ja auch für die Erringung des österreichischen Reitsportabzeichens obligat ist.

So spektakulär und publikumswirksam das Springreiten auch sein mag, es basiert auf den Grundbegriffen der Dressur wie alles im Reitsport. Das Dressurreiten – wieder bleiben wir bei den Anforderungen der Klasse A – braucht jeder Reiter für den Alltagsbetrieb ebenso wie für etwaige Prüfungen. Denn nur wer sein Pferd in den drei Grundgangarten Schritt, Trab und Galopp einigermaßen beherrscht, kann am Reiten Freude haben. Daher sollte man die Lektionen auf dem 20x40 Meter großen Viereck entsprechend ernst nehmen.

In der Dressur der Klasse A wird wirklich nur das Nötigste verlangt: ein relativ versammeltes, an den Hilfen stehendes Pferd, das vom Reiter – auf Kommando von außen – nun in den einzelnen Gangarten vorgestellt wird. Mittelschritt, Arbeitstrab (ausgesessen), Mitteltrab, Arbeitsgalopp und Mittelgalopp werden ebenso verlangt wie Haltparaden und Rückwärtsrichten. Letzteres bereitet manchmal mehr Schwierigkeiten, als man annehmen möchte. Der »Retourgang« ist im Sattel oft nicht auffindbar – an sich nicht unverständlich, denn nur äußerst selten ist ein Pferd in freier Natur gezwungen, rückwärts zu gehen.

Die treibenden Hilfen für das Rückwärtsrichten sind an sich dieselben wie beim normalen Anreiten, also die Aufforderung für eine Vorwärtsbewegung. Lediglich die Reiterhand legt (via Zügel und Trense) im Pferdemaul eine Art Vorwärtssperre ein. Das Pferd, das vorwärts treten will, wird durch diese Sperre an seinem Vorhaben gehindert. Da die treibenden Hilfen jedoch nicht aufhören, beginnt es – so Gott will – rückwärts zu gehen. Jetzt lockert sich der Sitz des Reiters etwas, dessen Beine – leicht hinter dem Sattelgurt – nun darauf zu achten haben, daß die Tritte des Pferdes auch schön gerade erfolgen und keine Schlangenlinie daraus wird.

Keinesfalls darf beim Rückwärtsrichten am Zügel gezogen, sondern lediglich aus dem Handgelenk jener Widerstand im Pferdemaul ausgelöst werden, der es am Vorwärtstreten hindert. Eine gewisse Sensibilität des Pferdes gehört allerdings mit dazu, denn es gibt genügend kaum zugerittene Pferde, die sehr wohl auch vermietet werden und deren Neigung zum Rückwärtsgehen äußerst gering ist – wenn sie überhaupt dazu bereit sind.

Sicher haben Sie mittlerweile Ihr Lieblingspferd gefunden, also jenes Tier, das Ihnen am besten liegt, mit dessen Temperament und Gangarten Sie am besten zurechtkommen. Reiten Sie dieses Pferd so selten wie möglich, denn für die weitere reiterliche Fortbildung gibt es nichts Gefährlicheres als das Reiten nur eines bestimmten Pferdes, auch wenn es sooo schön ist. Sie wollen ja weiterkommen, denken vielleicht schon im Unterbewußtsein an ein eigenes Pferd, und dafür sollten Sie vorher möglichst viele Pferde geritten haben. Erst wenn es gelingt, auch auf dem unbeliebtesten, weil als triebig oder schwierig verrufenen Pferd relativ gute Figur zu

DER SPRUNG ÜBER EIN HINDERNIS, ZERLEGT IN ZWEIMAL VIER PHASEN:

1 Anritt ohne Versammlung
2 Absprung, Reiter bleibt hinter der Bewegung
3 Schwebephase, Pferd springt, ohne Rücken herzugeben, Reiter hängt am Zügel
4 Landung, falsche Reiterhaltung

5 Versammeltes Angaloppieren
6 Richtiger Absprung, Reiter geht mit
7 Schwebephase, Reiter entlastet Rücken und Pferdemaul (Zügel)
8 Harmonische Landung

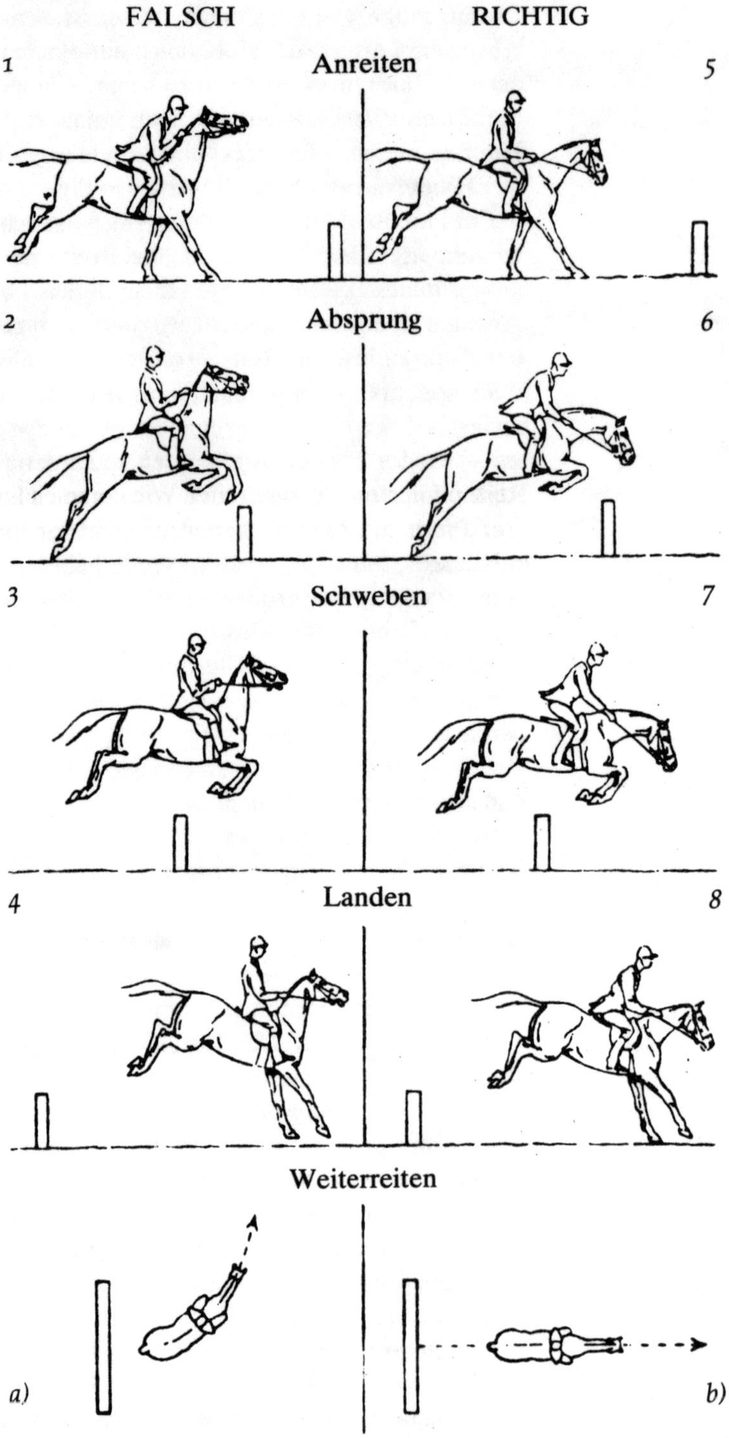

a) Unmittelbares Abwenden nach Landung mag bei engen Parcours notwendig sein…
b) …im Training sollte aber prinzipiell geradeaus geritten werden.

machen, haben Sie die erste große Klippe des Reitens überwunden. Das zu starke Gewöhnen an ein und dasselbe Pferd führt zur Einseitigkeit, die dann zur großen Enttäuschung werden kann, wenn das Pferd einmal weggegeben wird und man nicht mehr weiß, worauf man nun reiten könnte.

Natürlich soll das Ganze nicht in einen permanenten Masochismus ausarten, der Sie prinzipiell jene Pferde ansteuern läßt, die kaum jemand reiten möchte – wenngleich dies den Vorteil hat, daß derartige Pferde öfter frei sind und man den eigenen Erfolg des Besserwerdens auf ihnen höher einschätzt als auf dem »Starpferd« des Vereines, auf dem gut zu sein mitunter sogar einem Anfänger gelingt.

Gewiß reiten Sie jetzt schon des öfteren aus, wobei Sie feststellen werden, daß man dies nicht völlig unbeschwert tun kann. Selten gibt es ein Reitgelände, auf dem sich Pferde und Reiter allein tummeln. Zu Pferd kommt man mit der Umwelt recht »innig« in Kontakt, inniger, als man oft will.

Das Pferd unter dem Reiter ist in unserer technisierten, vollmotorisierten Zeit mehr und mehr zum Fremdkörper geworden, und zwar zu einem, der nicht immer ehrlich willkommen ist. Das gute Benehmen im Sattel sollte uns daher zu einer Selbstverständlichkeit werden, die mithilft, die wenigen noch verbliebenen Ausreitmöglichkeiten zu erhalten.

Leider führt schlechtes Reiterbenehmen vielfach zum Gegenteil. Was sollen Spaziergänger vom angeblich so edlen Reitsport halten, wenn ihnen dieser tagtäglich mit seinen negativen Begleiterscheinungen vor Augen geführt wird?

Reiterrowdys sind zwar in der Minderheit, fallen aber stärker auf als das Gros der disziplinierten Geländereiter. Wie kommen Fußgänger dazu, verschreckt in die Büsche springen zu müssen, nur um nicht von irgendeiner Wilden-Reiter-Ges.m.b.H. niedergeritten zu werden? Was muß sich ein Bauer denken, der vielleicht selbst Pferdefreund ist, wenn er seine frisch aufgegangene Saat von Pferdehufen zertrampelt vorfindet? Gewiß kann es einmal vorkommen, daß ein junges Pferd einen vom Reiter nicht beabsichtigten, ja unvermeidlichen »Seitensprung« unternimmt. Aber die paar Minuten mit dem Auto sollte einem der landschaftliche Frieden wohl wert sein, wenn man, rechenbewehrt, nach der Reitstunde hinfährt, um die Hufspuren elegant und sinnvoll wieder zu tilgen.

Auch die oft anzutreffende Intimfeindschaft zwischen Jägern und Reitern ist vermeidbar. Natürlich geht jedem Weidmann schier das Messer in der Tasche auf, wenn er am Hochsitz, vielleicht nach Stunden des Wartens, »seinen« guten Bock enteilen sieht, der vor einem heranbrausenden »Fünf-Uhr-Frühreiter« das Weite sucht.

Hier helfen entsprechende Vorabsprachen, ein bißchen Goodwill auf beiden Seiten, ein gemeinsames Gläschen (ein verbindendes Faktum zwischen Jäger- und Reiterei!!!), und ich bin sicher, daß dann beide Seiten recht gut miteinander auskommen werden. Denn dort, wo es seitens der Reiter nicht zu gehen scheint, bleiben sie unbarmherzig auf der Strecke. Nicht nur die disziplinlosen Herrschaften, versteht sich. Noch nie gab es in großen Teilen Österreichs so viele Reitverbotstafeln wie in letzter Zeit. Die Sache mit dem Wegerecht usw. ist gut und schön. Erfolg wird jedoch nur jenen Reitern beschieden sein, die, fernab von Rechtsgutachten, auf der Basis der Anständigkeit und Fairneß zu einem Vergleich kommen. Laden Sie doch einmal die Jäger der Umgebung zu einem kleinen Imbiß! Sagen Sie ihnen rechtzeitig, wann und wo Sie Ihre nächste Fuchsjagd reiten wollen. Auch die Jäger sollten Ihnen die kritischen Zeiten und Plätze mitteilen – und man wird sehen, es geht.

Aber abgesehen davon betreffen Sie diese Zeilen ja überhaupt nicht, denn Sie sind bestimmt kein Reiterrowdy. Sie sind vielmehr mittlerweile ein guter Durchschnittsreiter geworden, der mindestens zweimal pro Woche in den Sattel steigt – das absolute Minimum –, der sein Reitsportabzeichen mit Erfolg abgelegt und damit noch immer nicht genug hat.

Jetzt ist guter Rat zwar einfach, aber nicht gerade billig. Denn jetzt steht einwandfrei fest: ein Pferd muß her!

Das eigene Pferd – ein neues Familienmitglied

Alle noch vorhanden gewesenen Bedenken sind vergessen, der kurze telefonische Wortwechsel mit der Familie war eine lästige Nebenerscheinung, der Weg scheint sich seinem Ende zu nähern, das Ziel ist zum Greifen nah. Sie haben soeben Ihr erstes Pferd gekauft!

Da steht es nun vor Ihnen, in seiner ganzen Schönheit, ein Denkmal voll geballter Kraft und Eleganz. Eigentlich hatten Sie ursprünglich ja gar nicht die Absicht gehabt, als Sie ein paar Freunde begleiteten, die sich Pferde anschauen fuhren, aber...!

Es ist interessant, daß sich beim Pferdeaussuchen meist jene Leute zum Kauf entschließen, die »nur mitgekommen« waren und keinerlei Kaufabsichten hatten oder sich diese vorher nicht eingestanden. Dutzende Male habe ich das erlebt und mich ehrlich darüber gefreut – nicht aus Schadenfreude, nein, ganz im Gegenteil! Die große Familie ganz bestimmt nicht völlig normaler Erdenbürger hat ein neues Mitglied mehr, eigentlich sogar zwei, nämlich den Besitzer und dessen ganzen Stolz, das Pferd. Das erste Pferd ist mehr als das erste Fahrrad, Moped oder Auto, man sieht es in einem ganz anderen Licht als der arrivierte Turniermann seine -zigste Errungenschaft aus Deutschland oder Irland.

Man hat ein Pferd, eines, das einem ganz alleine gehört, auch wenn es das nicht weiß und wahrscheinlich niemals wissen wird. Was soll's, der Reiter ist glücklich, muß aber nun verteufelt aufpassen, um jene Hauptfehler zu vermeiden, die an Erstpferden immer wieder begangen, ja verbrochen werden.

Der erste liegt nicht selten bereits hinter dem stolzen Neubesitzer, nämlich das Pferd selbst. Hoffentlich ist es nicht jünger als fünf oder, noch besser, sechs Jahre und hat schon einige Ausbildung hinter sich. Besonders in den östlichen Nachbarländern werden gerne »gutgerittene« Sportpferde angeboten, die erst wenige Wochen unter dem Sattel waren. Schnell zugerittene Remonten sind jedoch Gift für den Anfänger, auch wenn sich dieser schon einigermaßen sattelfest fühlt. Zu rasch würden Reiter und Pferd die Freude aneinander verlieren. Der eine, weil er dem jungen Pferd nicht jene Weiterbildung vermitteln kann, die es noch unbedingt braucht, der andere, weil er eben noch nicht fertig ausgebildet ist. Ein älteres Pferd hingegen, das allerdings gesund auf den Beinen und mit guten Charaktereigenschaften ausgestattet sein soll, ist in dieser Entwicklungsphase seines Besitzers durchaus imstande, ihm auf seinem Reiterweg weiterzuhelfen.

Auch war hoffentlich ein pferdeerfahrener Tierarzt eigener Wahl vor Abschluß der Kaufverhandlungen anwesend, der das Pferd gründlich durchuntersucht hat. Abgesehen von den gesetzlichen Gewährsmängelfristen sind nämlich spätere Reklamationen, außer im Kaufvertrag vermerkt, rechtlich unhaltbar. Denn vielfach

EINIGE PFERDEKOPFFORMEN

1 *Hechtkopf (konkaver Nasenrücken)*

1

2 *Keilkopf (sich zuspitzend)*

2

3 *Ramskopf (konvexer Nasenrücken)*

3

4 *Ramsnase*

4

kann nach einiger Zeit unmöglich bewiesen werden, daß gewisse Mängel bereits beim Kauf des Pferdes gegeben waren.

Anders die gesetzlich geregelten Gewährsmängel Rotz, Dummkoller (Gehirnerkrankung), Dampf (unheilbare Lungenerkrankung, chronisch), Mondblindheit (periodische Augenentzündung) und Koppen (Luftschnappen, Krippensetzen, Freikoppen, Luftschlucken). Diese Krankheiten müssen binnen 7–14 Tagen reklamiert werden, nur dann ist eine rechtsgültige Rückgabe des Pferdes möglich.

Es würde zu weit führen, hier alle zu beachtenden Kriterien anzuführen, die ein Pferdekäufer beherzigen sollte – Sie finden sie übrigens fachgerecht aufgegliedert im Buch »Beurteilung und Auswahl von Reitpferden« (Paul Parey-Verlag) meines Freundes Alfred Kopfhart. Aber ganz kurz vielleicht die wichtigsten Punkte.

Neben Gesundheitszustand, Alter, Ausbildungsgrad und Kondition müssen folgende essentielle Punkte beachtet werden:

Der Körperbau unseres neuen Freundes sollte zumindest die Wahrscheinlichkeit offenlassen, daß wir mit ihm auch längere Zeit Freude haben werden. Vergessen wir hier die heute bereits sündteuren »Spezialisten« für Springen oder Dressur. Was wir suchen, ist wohl das Vielseitigkeitspferd im besten Sinn des Wortes. Das heißt, es sollte sowohl im Springen als auch in der Dressur die Klassen A und L zufriedenstellend anbieten können. Man sollte Freude mit ihm bei der Teilnahme an einer Fuchsjagd oder sonstigen Geländeritten haben, und es sollte jenen grundlegenden Charakter besitzen, den ich als gute Mischung zwischen Lebhaftigkeit und Temperament einerseits und Gutmütigkeit anderseits bezeichnen würde.

Vom Gebäude, also den Körperproportionen, her empfehlen sich mittelgroße, robuste Warmblüter mit möglichst korrekten Gängen, genügend Hals, einem ausdrucksvollen Kopf und gesunden, geraden, kräftigen Beinen.

Das Idealpferd gibt es nicht, aber für jeden Pferdeinteressenten gibt es – leichter zu finden, als man glaubt – *sein* Idealpferd.

Setzen Sie sich auch unbedingt eine Zeitlang in den Sattel, bevor Sie ein Pferd kaufen. An der Hand vorgeführte oder beim Freispringen über 1,60 Meter blendend aussehende Tiere erweisen sich dann zu Hause oft als Fehlinvestition, an der man nie so richtig Freude haben kann. Liegt einem jedoch ein Pferd – was Bewegung, Schwung und Gänge betrifft – vom ersten Moment an, ist die Grundforderung meines Erachtens erfüllt. Erst dann sollte man jene Kontrollen durchführen, von denen schon die Rede war.

Hüten Sie sich vor sogenannten »billigen« Pferden. Sie mögen beim Ankauf günstig liegen, kosten jedoch in der Erhaltung nicht um einen Groschen weniger als gute Pferde und bereiten auf die Dauer kaum Spaß.

Die Pferdepreise schwanken in Österreich, wie überall in Europa, zwischen Fleischpreis (ca. S 6000,–) und einer Obergrenze praktisch ohne Limit. Zur Illustration sei ein kürzlich in Irland getätigter Pferdekauf erwähnt, wo für eine relativ junge Stute (Springpferd) an die 5 Millionen Schilling gezahlt wurden. Das Pferd ging nach Italien.

Im Durchschnitt wird man für ein geeignetes Reitpferd, das die erwähnten Kriterien erfüllt, zwischen 30000,– und 70000,– Schilling hinlegen müssen. Aber, wie gesagt, für Pferdepreise gibt es keine Norm. Da kamen schon Leute mit Gäulen heim, die ich nicht geschenkt hätte haben wollen, und hatten dafür sechsstellige Beträge ausgegeben. Andererseits sind auch günstige Zufälle beim Pferdekauf möglich, und man kommt preiswert zu einem passablen, zuverlässigen Pferd.

In den letzten Jahren kamen die meisten Reitpferde aus dem Osten. Ungarn, Polen und die ČSSR sind die führenden Exporteure. Aber auch hier ist gewisse

Vorsicht am Platz. Zum Kaufpreis, der in Schilling zu bezahlen ist, kommen noch Transport, ein nicht gerade geringer Zoll, Steuern, Tierarzt an der Grenze, Quarantäne nach Eintreffen und, last not least, die Gewißheit, daß alles, was einmal die Grenze in den Westen passiert hat, auch hier verbleiben muß – ausgenommen reine Zuchtprodukte. Ein Rückgaberecht ist zwar theoretisch möglich, wird aber infolge der relativ komplizierten Formalitäten vom unzufriedenen Käufer selten angestrebt – wenn der Verkäufer es überhaupt zuläßt.

Die österreichische Pferdezucht gibt es aber auch noch. Sie ist quantitativ zwar ziemlich gering, qualitativ jedoch weit besser als ihr Ruf. So zählen die Zuchtprodukte aus dem Bundesgestüt Piber in der Steiermark – dort gibt's nämlich nicht nur die berühmten weißen Stuten und Hengste der Spanischen Reitschule! – zu den begehrtesten Reitpferden. Leider gehen die meisten Remonten von dort direkt ins Ausland, und man muß oft jahrelang warten. Es handelt sich jedoch, wie gesagt, um Remonten, also um junge Pferde, die nur wenige Wochen vor dem Verkauf unter den Sattel genommen werden und die daher auch der entsprechend guten und vor allem geduldigen Reiter bedürfen. Denn an einem vierjährigen Pferd muß zumindest ein Jahr lang ruhig und aufbauend gearbeitet werden, bevor man Freude daran hat, abgesehen vom wöchentlichen Fortschritt in der Ausbildung, dies jedoch auch nur für den entsprechend erfahrenen Bereiter und keineswegs für den Anfänger.

Bleiben noch die Haflinger, Welsh Cobs und Isländer. Über sie ist ja in den anderen Kapiteln die Rede gewesen. Lediglich der Welsh Cob sei kurz herausgegriffen. Diese mehr als fünfhundert Jahre alte Rasse wird seit einigen Jahren auch bei uns in Österreich gezüchtet. In England, ihrem Ursprungsland, steht der Name Cob für ein Allroundpferd mit optimalen Eigenschaften: beinhart, schnell, gutmütig und wirtschaftlich. Bis vor einigen Jahrzehnten vorwiegend als Wagenpferd in Verwendung, stellen diese kräftigen, mittelgroßen Pferde seither auch unter dem Sattel ihre Vielseitigkeit unter Beweis. Auch wenn sie sicher keine ausgesprochenen Spring- oder Dressurspezialisten sind, kann man auf ihrem Rücken dennoch höchstes Reiterglück erleben.

Die Cobs stammen von den berühmten Norfolk-Trotter-Hengsten einerseits sowie von den reinen Welsh-Gebirgsponys mütterlicherseits ab. Sie leisten erfahrungsgemäß heute weitaus mehr als vergleichbare andere Rassen.

Ewald und Milos Welde haben sich seit 1968 der Welsh-Cob-Zucht verschrieben und auf ihrem Mustergestüt »Gschwendthof« im niederösterreichischen Maria Anzbach einwandfrei bewiesen, was man aus dem Cob züchterisch alles herausholen kann. Heute gehen dort Hengste vorbildlich am langen Zügel, absolvieren die Zuchtprodukte problemlos härteste Geländestrecken oder demonstrieren am Wagen ihre Gängigkeit. Kein Wunder, daß der Gschwendthof selbst den unvergeßlichen Oberst Alois Podhajsky interessierte und zu seinem letzten Wirkungsfeld wurde. Auch der gegenwärtige Leiter der Spanischen Reitschule, Oberst Kurt Albrecht, ist hier oft- und gerngesehener Ratgeber.

Der Cob ist – ähnlich wie der Haflinger – ein ideales Familienpferd, dessen Gänge jedoch wirklich begeistern können. Die Siege der Cob-Gespanne bei vielen großen Fahrkonkurrenzen der letzten Jahre – so der berühmten Windsor-Horse-Show – ließen die internationale Konkurrenz manchmal verzweifeln. Denn speziell in der Marathonprüfung ließen die Cob-Gespanne alles andere weit hinter sich und kamen dennoch topfit und frisch ins Ziel.

Wer sich also ein forsches und dabei doch gutmütiges Familienpferd wünscht, dem sei unbesorgt zu einem Cob geraten. Für den Turniersport ist es weniger zu gebrauchen, wenngleich man hier seitens der Maria Anzbacher heuer diverse Dressuren zu beschicken vorhat.

Einen Cob bekommt man heute – zugeritten – um etwa 60 000,– Schilling. Dafür hat man einen braven Kameraden, der gut und gern 30 Jahre und älter wird.

Selbstverständlich gibt es außer der Warmblutzucht im Bundesgestüt Piber in Österreich noch diverse andere Zuchtbetriebe, jedoch ging der Pferdebestand im gesamten Bundesgebiet in den Jahren ab 1950 stark zurück. Er sank von einer guten Viertelmillion Pferde auf etwa 40 000 Tiere ab, wobei allerdings im Verlauf der letzten Jahre wieder ein leichtes Ansteigen der Zahlen auffällt.

Die Erklärung dafür ist einfach. Mußten die Pferde in den ersten Nachkriegsjahren noch vielfach in der Landwirtschaft Dienst tun, wurden sie mit zunehmender Motorisierung fast überflüssig. Lediglich bei den Gebirgsbauern findet man im unwegsamen Gelände noch das Arbeitspferd, vorwiegend den Haflinger, da sich hier selbst die modernsten Maschinen schlecht bewährten.

Die verbliebenen 40 000 Pferde – ein Viertel davon steht allein in Niederösterreich – sind daher in erster Linie Sportpferde; das Ansteigen der Bestandszahl ist somit auf das Zunehmen des Reitsports zurückzuführen.

Laut Gesetz ist die Tierzucht in Österreich Landessache, daher untersteht auch die Pferdezucht den einzelnen Landwirtschaftskammern. Die eigentliche Arbeit fällt jedoch den Landes-Pferdezuchtverbänden zu, die in diverse Zuchtverbände (Noriker, Haflinger, Warmblut) unterteilt sind. Neben dem Bundesgestüt Piber sei auch das Bundeshengstenstallamt Stadl-Paura erwähnt, das alle Bundesländer mit den nötigen Zuchthengsten versorgt, vor allem jene breite Landeszucht, die auf solche staatliche Hengste angewiesen ist. Die staatliche Gestütsverwaltung betreut derzeit 49 Warmblut-, 98 Haflinger- und 133 Norikerhengste. Das Hengstendepot ist gleichzeitig eine Leistungsprüfanlage, ferner Lehrbetrieb für das Gestüts-, Reit- und Fahrwesen. Des öfteren werden hier auch Reitkurse zur Erlangung des österreichischen Reitsportabzeichens durchgeführt, an denen teilzunehmen allen Reitsport-Interessierten ehrlich empfohlen wird. Abgesehen davon ist ein Aufenthalt in Stadl-Paura für jeden Pferdefreund ein großes Erlebnis, da hier die Zeit stehengeblieben zu sein scheint und man sich in eine Epoche fernab von Hektik und Technik zurückversetzt fühlt.

Für den Reitsport kommt vor allem das Warmblut in Frage, jenes Warmblut, das im Verlauf der fünfziger und sechziger Jahre in Österreich die stärkste Dezimierung erlitten hat. Es mußte – wie erwähnt – seine traditionelle Wirkungsstätte einbüßen und sich eine neue erst erarbeiten.

Um den Anforderungen des Sportreitens gerecht werden zu können, wurden viele wertvolle Stuten im Ausland angekauft, so etwa Hannoveraner aus Deutschland, aber auch Trakehner, während beispielsweise im Burgenland vielfach auf den alten Stämmen, wie Przedswit, Furioso und Nonius, basierend weitergezüchtet wurde und wird.

Das Abgehen vom schwergewichtigen Pferderiesen, speziell im Springsport, wie man ihn noch vor einigen Jahren auf großen Turnieren sah, wurde durch das Einkreuzen von Vollblütern erreicht. Das heutige Leistungspferd ist zierlicher, aber auch edler geworden; die »Sprungmaschinen« von seinerzeit haben ausgedient.

Apropos Vollblut: Selbstverständlich ist auch der Vollblüter ein ideales Reitpferd, oder besser: er kann es mitunter sein. Bei billigen Angeboten auf der Rennbahn sei jedoch eine gewisse Vorsicht am Platz. Der für die Bahn bereits ausgediente Vollblüter ist noch lange kein Pferd zum Spazierenreiten, er bedarf ganz gewiß eines guten, nicht allzu schweren Reiters, kann aber – dafür gibt es viele Beispiele – auch dann noch ein hervorragendes Reitpferd werden.

Wichtig beim Ankauf eines nicht mehr gewünschten und daher auch erschwinglichen Rennpferdes ist vor allem der Verkaufsgrund. Der beinharte Einsatz in Rennen schon ab dem zweiten Lebensjahr ist nicht gerade »pferdebein- und fußfreundlich«. Dennoch kenne ich eine Reihe Vollblüter, die trotz bereits erfolgtem Strich- bzw. Punktfeuer an den Vorderbeinen noch recht passable Reitpferde wurden. Am besten eignen sich Rennpferde, deren Kilometerzeiten einfach zu schlecht waren, um sie länger im Rennbetrieb zu behalten. Langsame Renner, womöglich etwas faul veranlagte Vollblüter, haben nämlich genau jenes Naturell, das zwar den Jockey verzweifeln, uns Reiter hingegen aufjubeln läßt. Diese Pferde verfügen auch noch über gesunde – weil nicht überbeanspruchte – Beine und eignen sich für den Springsport oft ganz ausgezeichnet. So verwenden die Amerikaner fast nur großgewachsene Vollblüter für ihre Parcours und schneiden auf diesen – wie bekannt – nicht gerade schlecht ab.

Der Kaufpreis der fast durchwegs bildhübschen Vollblutpferde liegt fast immer weit unter dem seinerzeitigen Ankaufspreis. Ich kenne Turnierpferde, die heute noch Parcours der Klasse M fast spielerisch meistern und auf der Rennbahn um ein Spottgeld gekauft wurden. Ein ruhiger, lockerer Galopp auf einem Vollblüter ist ein unbeschreibliches Erlebnis. Man fühlt kaum die Bodenberührung der zierlichen Hufe am Ende der langen, schlanken Beine, welche allerdings bei einem durchgehenden Exrennpferd eine Geschwindigkeit erreichen können, die mitunter nicht jedermanns Sache ist (vom Bremsmanöver ganz zu schweigen).

Nach erfolgreicher Redressage gibt der Vollblüter jedoch ein ausgezeichnetes Reitpferd ab. Ich kenne Reiter, die kein anderes Pferd mehr haben wollen, wenngleich eine gewisse Nervosität wohl in Kauf genommen werden muß.

Nicht ganz das Kaliber und die Größe des Warmblutpferdes erreichen die Traber, deren Eignung für den Reitsport relativ begrenzt ist. Besonders Pferde, die bereits längere Zeit vor dem Sulky gegangen sind, werden nur eher schwer zum Reitpferd umfunktioniert werden können. Die Gangart Trab ist ihnen dermaßen angeboren und zusätzlich anerzogen worden, daß sie in dieser zwar ungeheuer flott werden, im Galopp und Schritt jedoch oft nur ungenügende Leistungen erbringen. Gleichwohl haben Traberhengste schon optimale Springpferde produziert. Nicht selten schalten sie einige blitzschnelle Trabtritte ein, bevor sie – tatsächlich aus dem Trab – über mächtige Hindernisse springen. Für den Fahrsport hingegen eignen sich Traber naturgemäß ausgezeichnet. So verwendet der ungarische Fahrchampion und oftmalige Sieger schwerster Konkurrenzen Imre Abonyi prinzipiell Traberabstammungen für seine berühmten Viererzüge.

Nervenstärke, Intelligenz, Härte und Ausdauer kennzeichnen den guten Traber. Eines der schönsten Trabergestüte Europas ist Schönfeld in Niederösterreich. Derzeit gibt es in Österreich etwa 750 Traberzuchtstuten.

Auf welche Rasse Ihre Wahl auch immer gefallen ist – Freude und Erfolg mit dem Pferd werden Sie auf lange Zeit nur dann haben, wenn Sie es tatsächlich täglich reiten oder zumindest bewegen lassen. Es gibt zu viele »Pferde auf Abruf« bei uns; arme Kreaturen, die während der ganzen Woche – eben auf Abruf – in Boxen, Ständen oder kleinen Koppeln auf das Wochenende warten und dann, kaum in der nötigen Kondition, plötzlich Superleistungen vollbringen sollen. Das ist grundfalsch. Die tägliche Reitstunde – der Stehtag erweist sich lediglich aus Personalgründen zumeist als unvermeidlich – ist die Grundanforderung; mehr ist besser.

Auch ein Pferd muß angezogen werden...

War zuvor von der Reiterausrüstung die Rede, und stellte sich dabei heraus, daß diese nicht allzu teuer sein muß, so wird die Sache beim eigenen Pferd schon etwas aufwendiger. Denn im Gegensatz zum Leihpferd, das man inklusive Zaumzeug und Sattel zu mieten bekommt, sind dergleichen Zugaben beim Ankauf eines Pferdes eher unüblich. Hat man Ihrer Neuerwerbung ein anständiges Halfter mitgegeben, so wurden Sie bereits ziemlich nobel bedient. Aber damit allein ist es selbstverständlich noch lange nicht getan.

Was braucht man unbedingt? Ein ordentliches Zaumzeug, den geeigneten Sattel inklusive Sattelunterlage, Steigbügelriemen und Steigbügel sowie Sattelgurt, ein stabiles Stallhalfter mit Anhängestricken, welche am besten mit modernen Karabinern versehen sind, die sich auch unter starkem Zug noch öffnen lassen, sowie eine Decke.

Der übliche Trensenzaum besteht aus einem Kopfgestell (Genickstück, zwei Backenstücke, Stirnband und Kehlriemen), dem Reithalfter (meist hannoveranisch oder englisch), der Trense (meist Wasser- oder Olivenkopftrense) und einem Paar Zügel. Letztere sollten nicht zu dünn sein. Gut eignen sich auch sogenannte Stufenzügel. Das sind Zügelgurten, bei denen eingenähte Lederstege guten Halt in der Reiterhand garantieren. Von der Vielzahl der angebotenen Hilfszügel ist an sich eher abzuraten; sie gehören – das gleitende Ringmartingal ausgenommen – in die Hand des Fachmannes und können beim Durchschnittsreiter eher mehr Schaden als Nutzen bringen.

Der Sattel muß passen. Kaufen Sie nie einen Sattel, der noch nicht auf dem Rücken Ihres Pferdes gelegen ist. Vertreter guter Fachgeschäfte kommen zu Zwecken des Sattelkaufs bestimmt zu Ihnen in den Stall, damit Sie aus einigen Sätteln den richtigen für Ihr Pferd herausfinden können. Dressur- und Sprungsättel werden ganz gewiß nur von Spezialisten in diesen beiden Disziplinen benötigt. Mit einem guten Vielseitigkeitssattel kann man – wie der Name schon sagt – sowohl gut Springen als auch Dressur reiten. Für das Reiten im Gelände ist der VS-Sattel der einzig richtige.

Der Sattel wird am besten ohne Sattelunterlage angepaßt, die ja nur weich ausgleichend wirken soll. Der blanke Sattel muß gleichmäßig auf dem Pferderücken aufliegen und die Sattelkammer genügend Raum für den Widerrist geben. Vorsicht! Durch das Reiten wird die Kammer bestimmt im Laufe der Zeit etwas niedriger. Satteldrücke am Widerrist sind nur sehr langsam heilende Verletzungen, und das Pferd fällt oft wochenlang aus. Daher ist bei Pferden mit hohem Widerrist eine weit zurückgeschnittene Sattelkammer anzuraten.

Bei den Steigbügelriemen sollte nicht gespart werden. Sie sind ja das den Reiter unmittelbar tragende Element am Sattel. Durch das einseitige Aufsteigen (von links) dehnt sich anfangs der linke Riemen etwas mehr als der rechte, daher ist es ratsam, die Steigbügelriemen ab und zu auszutauschen.

Die Steigbügel selbst müssen weit genug sein, damit der Stiefel wieder leicht aus ihnen herausgebracht werden kann, was manchmal blitzschnell erfolgen muß. Sie müssen auch schwer genug sein, um sich leicht mit dem Stiefel aufnehmen zu lassen. Heute werden oft asymmetrische Steigbügel verwendet, die ungleich lange Schenkel haben. Dies kommt vor allem dem Springreiter und dessen Beinhaltung entgegen.

SATTELFORMEN

1

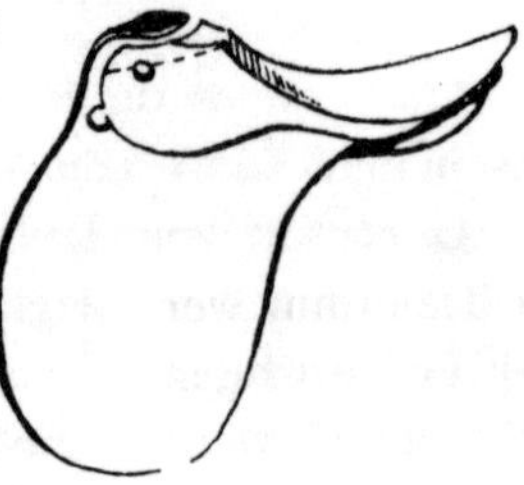

1 *Dressursattel (schmales, langes Sattelblatt)*

2

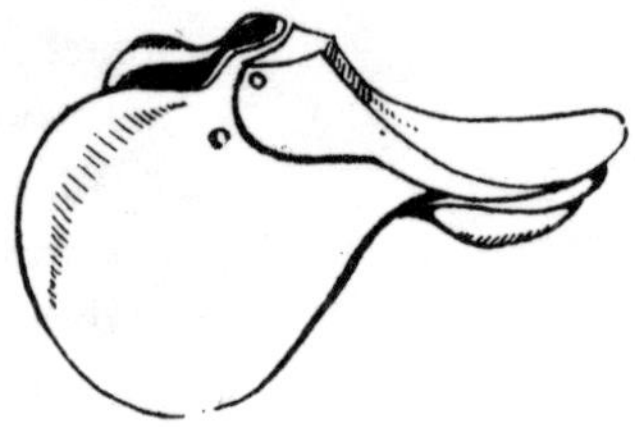

2 *Springsattel (weit nach vor geschnittene Sattelblätter, stark gebauscht)*

3

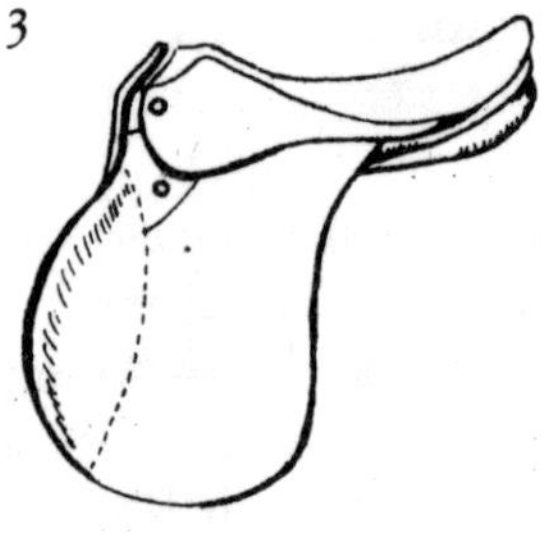

3 *Vielseitigkeitssattel (Zwischenlösung)*

4

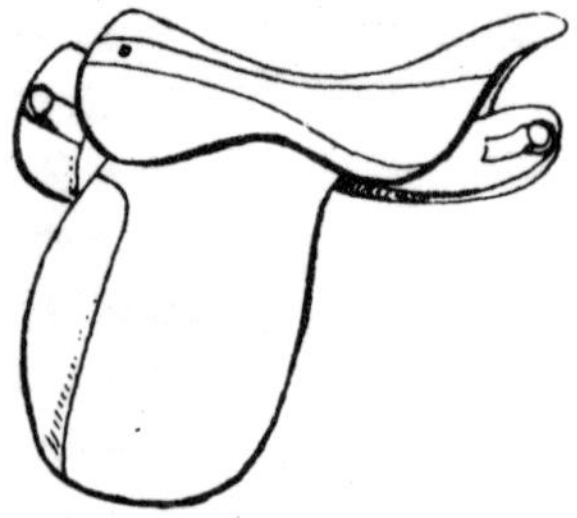

4 *Bocksattel (vor allem früher beim Militär in Verwendung)*

5

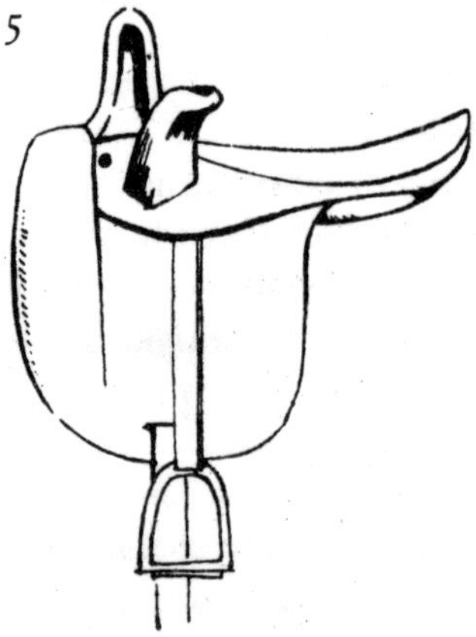

5 *Damensattel mit Sattelhorn zum Einhängen der Kniebeuge*

Über Sattelgurten könnten Dissertationen verfaßt werden, soviel Gegensätzliches wurde und wird über sie gesagt und geschrieben. Hier wird der Ledergurt hochgejubelt, dort in Grund und Boden verdammt. Ich meine, daß es dabei vor allem auf das Pferd ankommt. Es gibt empfindliche Pferde, die vom sorgsamst

32

Bild Seite 81: Sieben Lipizzaner und Warmblutstuten stehen im Pferdezuchtbetrieb des Hotels Alpenhof in St. Sebastian bei Mariazell. Vor allem Kinder finden auf den verläßlichen Pferden gute Ausbildungsmöglichkeiten *(→ S. 168).*

Rechts: Zentrum der österreichischen Islandpferdereiterei ist der Ponyhof Jägergut in Semriach unweit von Graz. Die Familie Dr. Hoyos schuf hier in jahrelanger Aufbauarbeit einen Musterbetrieb. Alle Sparten des Reitsports auf Islandpferden werden in Semriach ausgeübt *(→ S. 169).*

Unten: Daß Haflinger sich nicht nur im Gelände bewähren, sondern auch tüchtig springen können, beweist dieses Bild und unterstreicht damit die vielseitige Verwendungsmöglichkeit dieser österreichischen Pferderasse.

Saftige Weiden, das richtige Klima, viel Ruhe und fachmännische Aufzucht sind die hervorstechendsten Merkmale des österreichischen Bundesgestüts Piber in der Steiermark. Noch wissen die kleinen dunklen Fohlen nichts von ihrer Zukunft, und doch werden viele von ihnen in ein paar Jahren – strahlendweiß – bei den Vorführungen der Spanischen Reitschule in Wien Gäste aus aller Welt durch ihr Können begeistern.

Rechts: Kinder sollte man nicht zu früh in den Sattel eines Pferdes setzen. Die starke Erschütterung, aber auch die Sturzgefahr könnten negative Folgen haben. Anders beim Ponyreiten. Hier stimmt die Relation zwischen Reiter und Pferd, und es kann schon im Kindergartenalter mit dem Reiten begonnen werden.

Unten: Freilich ist der Weg bis zu den schwierigsten reitsportlichen Prüfungen – zweifellos die Military – lang und nicht einfach. Im Gegensatz zum Parcours, wo die Stangen fallen können, sind die Hindernisse im Gelände fest und geben nicht nach. Mut und Härte sind daher zwei Grundbedingungen für die Vielseitigkeitsreiterei (→ S. 167 f.).

Bild Seite 85: Aber es zählt ja zum Reiz des so oft falsch interpretierten Pferdesports, daß man sich den jeweiligen Schwierigkeitsgrad selbst aussuchen kann. Eine Wanderung auf gutmütigen Haflingern ist auch im alpinen Gelände, wie hier in Obertauern, ein ungefährliches, doch nicht minder eindrucksvolles Erlebnis (→ S. 187 f.).

Rechts: Daß Wirkliche Hofräte nicht nur in Amtsstuben zu finden sind, stellt der Gestütsdirektor von Piber, Dr. Heinz Lehrner, fast täglich unter Beweis. Der internationale Turnierrichter und Zuchtexperte ist einer der wenigen Österreicher, die einen Viererzug souverän beherrschen. Dr. Lehrner hat seine vier »Mädchen«, wie er die jungen Lipizzanerstuten gerne bezeichnet, stets unter Kontrolle.

Links unten: Schloß Trabuschgen in Obervellach, Kärnten, ist Hotel und Pferdesportbetrieb. Im weitläufigen Gelände stellen viele feste Hindernisse Möglichkeiten für das Vielseitigkeitstraining dar (→ S. 172).

Rechts: Mehr als 30 Reitpferde für Anfänger und Fortgeschrittene findet der Reitgast im Reitclub Villach (→ S. 174).

Ein Ritt durchs Wasser ist während der heißen Jahreszeit eine herrlich kühle Erfrischung für Pferd und Reiter. Beide Bilder zeigen Ausrittmöglichkeiten im Gelände der Pension Schloß Trabuschgen, wo auch die Ausbildung junger Privatpferde gerne übernommen wird (→ S. 172).

Oben: Nicht nur erstklassige Hotellerie, Wassersport und ein Spielcasino findet man im prominenten Ferienort Velden am Wörther See, auch der Reitsport ist hier zu Hause und bietet Anfängern und Fortgeschrittenen erholsame Ausritte.

Rechts: Fünfzig eigene Gästezimmer hat das Hotel Trattlerhof in Bad Kleinkirchheim. Auch Haflinger und Warmblutpferde stehen dem Urlaubsreiter zur Verfügung (→ S. 171).

aufgelegten Gurt einen Gurtendruck bekommen – hier hilft nur ein Lammfellüberzug, unter dem man das permanente Schwitzen eben in Kauf nehmen muß –, und andere, bei denen eine Spagatschnur auch keine Rolle spielen würde. Am gebräuchlichsten sind Gurte aus weißem Synthetikgarn. Sie haben gegenüber solchen aus Baumwolle den Vorteil, daß sie rasch zu reinigen sind und vom Pferdeschweiß nicht so leicht hart werden.

Der vielumstrittene Ledergurt – gekreuzt oder gefaltet – ist zwar haltbarer, aber auch teurer. Außerdem muß er praktisch pausenlos gepflegt werden, was beim Synthetikgarn mehr oder weniger wegfällt.

Bleibt noch die Sattelunterlage. Am einfachsten zu reinigen sind auch hier solche aus Synthetiks, die man einfach in die Waschmaschine geben kann. Besser saugen Filzunterlagen, doch müssen sie oft gereinigt werden, da sonst Pferdehaare und Schweiß verkrusten, was ebenfalls zu Satteldrücken führen kann. Selber waschen kann man auch abgesteppte Baumwollunterlagen; sie sind ziemlich dünn und garantieren so einen guten Kontakt zum Pferderücken. Ferner gibt es noch die ebenfalls dünnen Moosgummiunterlagen, die zwar überhaupt nicht saugen, aber dennoch atmungsaktiv sind. Sie können am einfachsten gereinigt werden – nasser Schwamm genügt! – und machen stets einen sauberen Eindruck.

Bleibt nur noch festzustellen, ob Ihr Pferd nun Kunststoff verträgt oder nicht, denn hier verhält es sich ebenso wie bei uns Menschen. Zur Beruhigung: die meisten vertragen Synthetiks problemlos.

Ganz besonders empfindliche Pferderücken – aber nur diese! – benötigen eine Lammfellunterlage, die sich übrigens auch gut bei mehrstündigen Distanzritten bewährt, doch ist deren Reinigungsritual nicht jedermanns Sache.

Die Pferdedecke muß kein feingesticktes Monogramm des Pferdes oder seines Besitzers tragen, sollte aber fest und warm sein. Erst wenn man eine anständige Decke hat – recht günstig ist hier die Kombination innen Filz, außen regenfest –, sollte eventuell an eine leichte Sommerdecke, Regendecke oder gar an eines der immer mehr in Gebrauch kommenden »Netzleiberln« für den Hochsommer gedacht werden. Und noch etwas: Zur Decke gehört ein Deckengurt. Fehlt dieser, werden Sie Ihren vierbeinigen Freund nach einiger Zeit nur noch mit Deckenfragmenten antreffen.

Was kostet das alles? Nun, eigentlich eine ganze Menge, aber dafür sind Sie ja Pferdebesitzer geworden, der sein Pferd, das hübscheste von allen, doch sicher nicht nackt herumlaufen lassen will.

Ein Zaumzeug mittlerer Qualität kann man um etwa S 800,– kaufen. Sättel sind ab S 3000,– zu haben, doch ist es ratsam, sich einen Markensattel anzuschaffen, der meist länger hält. Ich für meinen Teil reite nun schon an die zehn Jahre auf ein und demselben Sattel; er hat sich mittlerweile ideal angepaßt und war noch nie reparaturbedürftig. Sattelgurten, Sattelunterlage, rostfreie Steigbügel und gute Steigbügelriemen kosten etwa je S 300,–; somit sind für einen guten Sattel etwa S 6000,– auszulegen. Pferdedecken werden ab S 500,– angeboten. Dazu kommen noch Bandagen, eventuell Streifkappen, eine Longe, Ausbindezügel und noch einige Kleinigkeiten, wie Putzzeug usw. So sind wir bald bei rund zehntausend Schilling angelangt, die jedoch – bei entsprechender Pflege – auf Jahre hinaus investiert wurden.

Western-Saddles, mexikanische Bocksättel oder gar aufwendig nachgebaute Damensättel sind eher Unfug. Sie eignen sich besser für das Kellerstübchen vor der Hausbar im Reiter-Look als für den Rücken Ihres Pferdes. Wer einmal längere Zeit auf einem amerikanischen Cowboysattel saß – wie man es mir kürzlich anläßlich einer Reiteinladung in Houston, Texas, zumutete –, wird mir recht geben. Der Grund für das meist mißmutige Gesicht der US-Weidereiter wurde mir rasch klar, denn ich konnte mich beim besten Willen nicht an die beinharte, ziemlich breite Bocksattelunterlage gewöhnen, obwohl meine Lederreithose den Jeans meiner Begleiter gewiß um Häuser überlegen war. Dazu kommt das Sattelhorn – Lassowerfen ist bei uns ja unüblich –, das auch schon guten Reitern nicht unwesentliche Verletzungen zufügte, als deren Pferde einmal kräftig bockten.

Der Damensattel wird heute noch bei Jagden in England und Irland verwendet, dies jedoch aus reinen Traditionsgründen. Eine ältere Lady im Damensattel gestand mir einmal anläßlich einer Fuchsjagd in Irland, daß sie demnächst auf die Tradition zu pfeifen gedächte, würde sie nochmals in irgend so einen »bloody« Busch geschleudert werden. (Irländische Ladys sagen manchmal noch härtere Dinge, wenn es um die Reiterei geht.)

Die richtige Fütterung

Jetzt haben wir es endlich zum eigenen Pferd gebracht, reiten auch leidlich drauf herum, haben erkannt, daß ein kleines Gulasch und ein Seidel Bier nach einem ausgedehnten Morgenritt ganz besonders gut munden, aber was unser Pferd am besten fressen soll, bleibt vielen verborgen. Dies liegt an der heutigen Stallstruktur, da in den Betrieben die Fütterung kollektiv erfolgt und die heilige Stallruhe oft schon mit der Fütterung durch das Personal beginnt.

Fast ebenso wichtig wie das Futter selbst – daß es sich dabei vorwiegend um Hafer und Heu handelt, ist ja kein Geheimnis – sind die Futterzeiten. Das Pferd sollte unbedingt bereits eine Stunde mit dem Fressen fertig sein, bevor es geritten wird. Dreimal täglich soll ein Pferd sein Futter kriegen. Das erste Mal möglichst zeitig am Morgen, speziell im Sommer, wenn der Hitze wegen früh geritten wird. Dann mittags – zwei Stunden Stallruhe sind dabei das Minimum. Und schließlich abends, wo man etwas mehr geben kann, da die Pferde dann gemütlich und ungestört alles wegputzen können.

Bleiben wir bei Hafer und Heu. Die Verwendung von Quetschhafer wird immer häufiger, ist aber bei gesunden, jüngeren Tieren völlig überflüssig. Das Pferdegebiß ist für das genüßliche Zermahlen guten Hafers prädestiniert, und nur bei älteren Tieren, deren Mahlzähne nicht mehr richtig funktionieren, sollte man auf Quetschhafer umsteigen. Die tägliche Hafermenge hängt von mehreren Faktoren ab. Ähnlich wie bei uns Menschen, verbraucht ein Schwerarbeiter, sprich Leistungspferd, selbstverständlich mehr Kalorien als ein Bürohengst, sprich Pferd zum Spazierenreiten. Auch Körperbau und Gewicht des Pferdes spielen eine Rolle.

Durchschnittlich sollte man mit fünf Kilogramm Hafer und ebensoviel Heu eigentlich das Auslangen finden. Als reines Erhaltungsfutter – wenn ein Pferd beispielsweise längere Zeit nicht geritten werden kann – rechnet man drei Kilogramm Hafer. Im Volltraining, etwa vor sportlichen Prüfungen, kann der Haferbedarf auch bedeutend höher liegen. Acht bis zehn Kilogramm sind dann – aber nur dann – keine Seltenheit. Es wäre völlig falsch, möchte man sein Pferd mit großen Haferrationen »verwöhnen«. In solchen Fällen kommt dann der alte Spruch: »Es sticht ihn der Hafer« zum Tragen. Übermütiges Pullen oder sogar Kreuzschlaggefahr sind die Folgen.

Das tägliche Heu – hier kann man etwas großzügiger sein – dient als Magenfüller. Wie beim Hafer, dessen Qualität recht unterschiedlich sein kann, finden wir auch beim Heu grundlegende Qualitätsdifferenzen. Das Heu soll vor allem trocken und einige Monate gelagert worden sein, bevor wir es verfüttern. Es soll gut und aromatisch duften und keineswegs muffig riechen. Wiesenheu, Kleeheu werden gerne gefressen, mit dem hochwertigen Luzerneheu sollte man etwas achtgeben, was die Futtermengen betrifft. Der »Magenfüller« Heu muß dennoch so dosiert werden, daß kein deutliches Wohlstandsbäuchlein, der Heubauch, entsteht. Er ist nicht eben hübsch und mindert darüber hinaus die Leistungsfähigkeit.

Wenn man das Glück hat, den anfallenden Pferdemist bargeldlos gegen Stroh eintauschen zu können, sollte man unbedingt Stroh einstreuen, selbst wenn noch etwas draufzuzahlen ist. Pferde fühlen sich im frischen Strohbett am wohlsten, wenngleich man immer mehr auf Torfmull und Sägespäne übergeht. Ein paar Halme Stroh – zum Drüberstreuen gefressen – schaden sicher nicht. Bei notorischen Strohfressern ist jedoch Vorsicht am Platz, da die Gefahr einer Kolik größer wird.

Außer Hafer und Heu braucht das Pferd, will man es optimal ernähren, noch einige Zusätze. Im modernen Mischfutter sind die wichtigen Zusatzvitamine, Mineralstoffe, Melasse, Weizenkleie usw. enthalten; man findet sie auch in diversen Zusatzprodukten. Diese werden dem Hafer beigemengt. Ein Salzleckstein gehört ebenfalls in die Pferdebox.

Das Pferd freut sich über jede Abwechslung. Das beginnt beim Stückchen Zucker als Belohnung für eine brave Arbeitsleistung und geht über eine saftige Portion Karotten bis zu den Zuckerrüben, die man ohne weiteres – wohldosiert – mitunter zufüttern kann.

Der Weidegang – wie gut hatte es das Urpferd noch! – ist heute selten geworden und wäre doch so wichtig. Viele Reiter haben vor dem Koppelurlaub ihrer Pferde richtig Angst. Zum Teil berechtigt, denn unser stallgewohntes Reitpferd ist dem freien Auslauf vielfach entwöhnt. Manche Pferde haben sich schon Koppelverletzungen, Verkühlungen und Schlimmeres geholt, wenn sie unvorbereitet vom gepflegten Reitstall gleichsam in die »Wildnis« geschickt wurden. Bei sachgemäßer Vorbereitung, Kraftfutterabbau schon einige Zeit vor dem Koppelaufenthalt, Herunternehmen der Eisen und richtiger Auswahl einer großen Weidefläche – das Pferd sollte sich allerdings nur tagsüber dort aufhalten und am Abend in eine Box gebracht werden – ist der alljährliche Sommeraufenthalt durchaus zu empfehlen.

Vor allem psychisch strapazierte Turnierpferde finden auf der Koppel ihr altes Phlegma wieder, und den nicht minder beanspruchten Pferdebeinen tut der Weidegang ebenfalls gut. Freilich erhalten wir unser Pferd nach einem Monat Koppelaufenthalt oder mehr etwas verwahrlost zurück. Ein kleiner Heubauch ist normal, auch ein paar Schrammen wird es abbekommen haben. Aber ich konnte bei meinen Pferden stets feststellen, daß sie binnen weniger Wochen sowohl die alte Kondition als auch das frühere Aussehen wiedererlangten und mit Feuereifer bei der Arbeit mitmachten, was vor dem Koppelurlaub nicht immer der Fall gewesen war.

Die Futterumstellung nach Rückkehr von der Koppel muß ebenfalls langsam und vorsichtig erfolgen, damit sich die Verdauung der neuen Situation anpassen kann.

Das Tränken von Pferden ist ein eigenes Problem – und auch wiederum nicht. Hat die Koppel ihr eigenes, sauberes Bächlein, erübrigen sich alle Schwierigkeiten. Die Pferde werden immer nur so viel trinken, als ihnen tatsächlich zuträglich ist.

Das kleine Bächlein wird durch die automatische Tränke im Stand oder in der Box ersetzt. Hier holen sich die Pferde ebenfalls den ganzen Tag über jenes Quantum Wasser, das sie benötigen. Die Befürchtung, daß sie, verschwitzt von einem Ausritt zurückgekehrt, sofort das kalte Wasser saufen, ist zumeist unbegründet, denn Pferde sind auch in diesem Punkt oft vernünftiger als wir.

Will man aber auf Nummer Sicher gehen, lassen sich die automatischen Tränkebecken mit einem Handgriff sperren. Nur darf dann nicht vergessen werden, die Sperre nach einiger Zeit wieder zu öffnen, widrigenfalls man einen Wasserrohrbruch riskiert, sobald die äußerst kräftig konstruierte Pferdeschnauze den Mechanismus mit Gewalt in Gang setzen will.

Mühsamer als bei Selbsttränken ist das Tränken mit dem Kübel, aber schließlich gab's ja jahrhundertelang nichts anderes. Hier muß man auf alle Fälle nach dem Ausritt ein wenig warten. Man reibt das Pferd noch gründlich trocken, bevor man es tränkt. Hygiene und Sauberkeit sind für den Freßtrog und Tränkeimer unerläßlich. Jedes Pferd muß seinen eigenen Wasserkübel haben, der Pferdename ist ja rasch aufgepinselt.

Auch die Selbsttränken gehören, zumindest einmal in der Woche, gründlich gereinigt. Da die Pferde während des Fressens immer wieder die Tränke frequentieren, fallen notgedrungen Haferkörner hinein, die man tunlichst sofort entfernen sollte, da die Ventilsitze sonst rasch verlegt werden können.

Frißt ein Pferd mit Heißhunger, bekommt es genügend Futter sowie die entsprechenden Zusätze und sieht dennoch nicht gut aus – die Rippen sind deutlich zählbar, und auf dem Hüftknochen könnte ein Hut aufgehängt werden –, so kann das verschiedene Gründe haben. Entweder haben wir es mit einem schlechten Futterverwerter zu tun – das gibt es –, dann muß man sich mit dem geeigneten Zusatzfutter spielen, bis die passende Mischung für dieses Pferd gefunden ist. Oder die Sache hat einen Wurm – weit länger und ausdauernder, als man glauben möchte. Die stallweise jährlich durchgeführte Pferdemistuntersuchung in einer Klinik gibt Auskunft darüber. Wurmkuren sollte man jedoch nicht auf eigene Faust, sondern nur unter Anleitung eines Tierarztes durchführen.

Noch etwas kann am schlechten Aussehen des Pferdes schuld sein – ein Zahn. Vielfach genügen einige Striche mit der Zahnraspel durch den Tierarzt, und das Pferd kann die Nahrung entsprechend zerkleinert wieder in den Schlund befördern.

Das kranke Pferd

Offen gestanden ist es ein Alptraum. Nichts kann einen so deprimieren wie ein krankes Pferd. Gottlob ist es heutzutage, dank der weit fortgeschrittenen Veterinärmedizin, möglich, fast alle Krankheiten in den Griff zu bekommen, ja, besser noch, sie sogar vermeiden zu helfen.

Die Schutzimpfung gegen Pferdegrippe und Wundstarrkrampf sollte jedes junge Pferd bekommen; sie sollte auch später – innerhalb der vorgeschriebenen Fristen – stets aufgefrischt werden. Der Impfpaß sollte immer griffbereit sein, damit der behandelnde Arzt alle Impfungen und deren Zeitpunkte feststellen kann.

Viel mehr als mit Infektionskrankheiten, die nicht allzu häufig auftreten, wird man mit Krankheiten des Bewegungsmechanismus konfrontiert, und zwar recht plötzlich. Unersetzlich ist ein guter, zuverlässiger Beschlagschmied. An sich ist der Warmbeschlag vorzuziehen, denn kalt angepaßte Eisen sitzen nie so präzise wie aufgebrannte. Aber bedauerlicherweise wird das Fachpersonal für den Warmbeschlag immer seltener. In vielen Reitvereinen geht man nun daran, eigene kleine Schmieden einzurichten, wo der »Gastarbeiter« Schmied alles für einen guten Warmbeschlag vorfindet. Auf der Universität für Veterinärmedizin in Wien werden alljährlich Kurse für Beschlagschmiede durchgeführt, die leider viel zuwenig frequentiert sind. Dabei scheint es sich um einen Beruf mit guten Zukunftschancen zu handeln, mit dem es sich auch recht gut verdienen läßt.

Doch zurück zum Thema. Huferkrankungen sind oft langwierig und nicht leicht zu heilen. Ob nun krankhafte Veränderungen am Huf vorliegen, die durch einen orthopädischen Beschlag korrigiert werden können, oder Erkrankungen im Inneren des Hufes – stets sollte der fachlich versierte Tierarzt zu Rate gezogen werden.

Anders bei Verletzungen, die durch Fremdkörper hervorgerufen werden, wie durch Nägel, Glasscherben, Holz- oder Metallstücke, ja sogar Eiszapfen. Meist ist der Strahl unten in der Hufmitte mit seinem Weichhorn leider sehr gefährdet. Selbstverständlich gehört bei der Behandlung aller Verletzungen der Tierarzt zu Rate gezogen, aber nicht immer ist einer bei der Hand. Der eingedrungene Fremdkörper sollte möglichst rasch entfernt und ein fachgerechter Hufverband angelegt werden.

Lahmheiten können auch weit geringere Ursachen haben. So genügt ein spitzer, zwischen Hufrand und Strahl eingeklemmter Stein, der beim Hufräumen übersehen wurde, und schon lahmt ein Pferd.

Unsauberkeit im Stall und in den Boxen können zur Mauke und zur Strahlfäule führen. Mauke, eine lästige Entzündung in der Fesselbeuge, ist fast immer auf nasse Streu und schlechte Pflege nach den Ausritten zurückzuführen. Überhaupt sind unsaubere Boxen gefährlich. Wegstehende Ausschlagbleche der Futterkrippen, herausstehende Nägel oder Holzspäne führen weit häufiger zu Verletzungen, als sie durch den Reitbetrieb – bei Stürzen oder ähnlichem – zustande kommen.

Vor einer Kolik haben alle Pferdebesitzer berechtigte Angst. Tatsächlich kenne ich leider einige Fälle aus dem eigenen Stall, wo trotz aller Mühen des Tierarztes und der Spezialisten von der Universität jede Hilfe zu spät kam.

Es gibt Pferde, die fast regelmäßig eine Kolik bekommen und sie dann rasch auch überstehen, und es gibt andere, die noch nie daran gelitten haben, aber schon beim ersten Kolikanfall eingehen. Ausgelöst wird eine Kolik durch die Fütterung. Nasses Gras, schlechtes Heu, zuviel Stroh, aber auch Hafer können eine Kolik auslösen.

Sie ist relativ einfach zu diagnostizieren. Das Pferd frißt nicht, stöhnt oft vor Schmerz, der Leib ist ein wenig aufgequollen, das Tier wendet den Kopf nach hinten, in Richtung Schmerz, es wälzt sich immer wieder hin und her, ohne auf dabei entstehende Verletzungen zu achten.

Hier hilft nur eines: sofort den nächsten Tierarzt zu verständigen. Inzwischen deckt man das Pferd ein und führt es eventuell – wenn es dazu bereit ist – im Schritt auf und ab, um zu vermeiden, daß es sich niederlegt. Krampflösende Injektionen helfen recht schnell, und auch der gute Einlauf (via Nasenloch) hat sich immer wieder bewährt. Leider treten Koliken oft in der Nacht auf, und am darauffolgenden Morgen ist es bereits zu spät.

Zu erwähnen wäre noch der gefürchtete Kreuzschlag, der durch zu langes, untätiges Stehen im Stall, womöglich bei übermäßiger Fütterung, ausgelöst wird.

Der Kreuzschlag tritt oft unter dem Reiter auf, wenn dieser das Pferd nach längerer Stehpause wieder einmal »so richtig hernehmen« möchte. Dabei versagen urplötzlich die hinteren Gliedmaßen, die Hinterbeine knicken ein, das Pferd zittert am ganzen Leib, die Kruppe ist hart und verspannt – und es geht einfach nicht mehr weiter.

In diesem Fall muß man sofort aus dem Sattel, ihn abnehmen und eine leichte Massage auf der Kruppe einleiten – eventuell mit Alkohol –, ferner das Pferd warm eindecken, nicht führen und das Eintreffen des Tierarztes abwarten.

Der Kreuzschlag ist sicher in den meisten Fällen vermeidbar. Als vorbeugende Therapie empfiehlt sich die tägliche Reitstunde, ordentlich und sauber geritten. In dieser Stunde soll das Pferd auch etwas leisten – und nicht etwa wie ein Hund nur äußerln geführt werden. Bedenken Sie, daß das arme Tier dann ohnedies wieder 23 Stunden in seiner Box steht, in der es somit etwa 96 Prozent seines Daseins als Reitpferd zubringen muß.

Diese Box, zu der es das Pferd immer wieder zu ziehen scheint, ist sein Zuhause, seine kleine Welt. Und doch tut man einem Pferd nichts Gutes, wenn man die Boxen zu groß auslegt. Die klassische Form von 3 x 3 Meter für die Box und 3 x 1,5 Meter für den Stand ist kein Zufall und kam keineswegs aus Kostengründen zustande, die es seinerzeit für die Pferdehaltung ja kaum gab. Aber zu große Boxen verleiten das Pferd zu Unarten, ja sie können sogar Depressionen hervorrufen, da sich die Tiere richtiggehend verloren vorkommen.

Übergroße Boxen werden oft damit begründet, daß man dem Tier mehr Bewegungsfreiheit gewähren möchte. Beobachten Sie ein solches Pferd längere Zeit – fast immer wird es auf einem bestimmten Platz der großen Box stehen, aber keineswegs heiter und munter aussehen. Im Gegenteil, die Pferde verfallen nicht selten auf lästige Untugenden, wie Webern und Koppen, die man nur schwer wegbekommt.

Den Urzweck nicht vergessen

Betrachtet man heutzutage vor einem Turnier ein eben eintreffendes Springpferd, so entbehrt dieser Anblick fast jeder Romantik. Schaumgummiverpackt, mit Decke, Schweifschoner und Sturzhelm ausgestattet, gleicht es einem Gladiator, der es letzten Endes auch ist.

Der moderne Turniersport ist das Aushängeschild für das Pferd von heute geworden. Ohne ihn gäbe es kaum noch die Warmblutpferdezucht im gegenwärtigen Umfang, denn nur für die Spazierreiter würde sich die aufwendige Zucht nicht lohnen. Diese sind vielmehr das Auffang-Reservoir für jene Zuchtprodukte geworden, welche keine Spitzenpreise erzielen können, deren Fähigkeiten für den »großen« Sport zu gering sind und deren Lebenserwartung dadurch nicht eben geschmälert wird. Im Gegenteil! Spitzenturnierpferde dienen heute, von Ausnahmen abgesehen, im Hochleistungssport nur wenige Jahre. Die Abnützungserscheinungen, vor allem an den Gelenken, Sehnen und Hufrolle der Vorderbeine, sind dermaßen stark, daß man heutzutage vielfach auf »Veteranen« des Springsports trifft, die kaum neun Jahre alt sind. Dies ist ein Alter, in dem richtig angerittene und bis zum siebenten Lebensjahr langsam geförderte Pferde erst ihre besten Leistungen zu zeigen beginnen und sie auch auf viele Jahre hinaus beibehalten.

Der Freizeitreiter und sein Pferd sind daher der Natur noch weit mehr verbunden geblieben. Reitbahn, Halle und Viereck, ja selbst die paar Kilometer bekannter Geländestrecke bleiben weit zurück, sobald man einmal fremdes Gelände unter den Hufen hat.

Auch unser Pferd wird in neuer, fremder Umgebung ein anderes. Das Urpferd in ihm scheint zu erwachen, aufmerksam spielen die Ohren, die Nüstern nehmen fremde Gerüche auf, der Tritt wird weitgreifend, der Trab federnd. Ein übermütiger Sprung unterstreicht die Freude am neuartigen Erleben. Unser Pferd freut sich mit uns.

Reiten des zweiten Weges, Distanzreiten lautet im Deutschen – etwas lapidar – die Bezeichnung für freies, naturverbundenes Wandern zu Pferde. In letzter Zeit gibt es auch in Österreich immer mehr Möglichkeiten zu ein- und mehrtägigen Ritten durch die schönsten Landstriche.

Auch die Planwagenromantik hat wieder Einzug gehalten als nostalgische Form des modernen Fremdenverkehrs. So organisiert man im Burgenland immer mehr solcher Wochenendtouren, bei denen auch Nichtreiter voll auf ihre Rechnung kommen. Im planenüberdeckten Pferdewagen durch die Pußta, Lagerfeuerromantik, Lieder und guter Wein – das sind alles Faktoren, die den Urlauber einen Trekking-Ausflug noch lange in bester Erinnerung behalten lassen. Blaguss-

Reisen, die offizielle Werbestelle für das Burgenland, organisieren diese Planwagen-Wochenenden. Die Zentrale in Neusiedl am See (Untere Hauptstraße 56, Telefon 02 167/81 41) gibt gerne darüber Auskunft.

Von dort aus organisiert man auch ein- und mehrtägige Ritte auf ausgesuchten, guttrainierten Pferden. So führt etwa der Große Burgenlandritt über 300 Kilometer und dauert 8 Tage. Von Podersdorf (Stall Lang) bis ins südliche Burgenland (Mogersdorf) führt dieser Marathonritt, der nach dem Vorbild des seinerzeitigen ORF-Rittes durchgeführt wird. 1975 wollten wir den Beweis erbringen, daß 400 Kilometer im Sattel, auch für nicht optimal vorbereitete Pferde und Reiter, innerhalb von 10 Tagen möglich sind. Für die Sendung »Österreichbild am Sonntag« des Studios Burgenland ritten 18 ambitionierte Sattelfetischisten in Kittsee los und erlebten von Katastrophenwetter, Überschwemmungen und glühender Hitze bis zu orkanartigen Stürmen praktisch alles, was man sich als erschwerend nur vorstellen kann. Dennoch schafften es 15 von ihnen, das Ziel, den Dreiländerstein bei Kalch, programmgemäß zu erreichen. Alle Pferde waren wohlauf, hatten eine Bombenkondition bekommen – auch heikle Turnierpferde waren dabei, denen der Ausflug in Richtung Urpferd überhaupt nicht geschadet hatte –, und das Unternehmen blieb allen Teilnehmern in bester Erinnerung.

Damals faßte »Pauli« Blaguss, der selbst mit von der Partie gewesen war, den Plan, die mühsam ausgekundschaftete Route permanent weiterzuverwenden, was aufgrund entgegenkommender Grundbesitzer und aufgeschlossener Forstverwaltungen auch gelungen ist. Wir haben es daher nicht mehr nötig, die ungarische Grenze zu überschreiten, um dort an Mehrtagestouren im Sattel teilzunehmen. Die österreichische Variante – ich habe beide gründlich ausprobiert – ist preislich günstiger und zumindest ebenso schön, das Sattelzeug weicher und angenehmer.

Zur Ausrüstung wäre noch einiges zu sagen. Die »Katastrophenanhäufung« im Verlauf des ORF-Rittes führte zur Anwendung diverser »Verzweiflungstricks«, von denen sich einige recht gut bewährt haben. So empfiehlt sich auf alle Fälle die Mitnahme von Satteltaschen. Man kann sie in fast jedem Fachgeschäft kaufen, Kostenpunkt etwa S 800,–. Hier lassen sich alle Dinge unterbringen, die man unbedingt brauchen wird, wenn man vorhat, täglich einige Stunden im Sattel zu verbringen. Während der heißen Jahreszeit ist eine schattenspendende Kopfbedeckung anzuraten; der breitkrempige Stetson amerikanischen Ursprungs ist bestens geeignet, da er hier – im Gegensatz zum Maskenball – echte Funktion erhält.

Ein Regenschutz muß ebenfalls mitgenommen werden. Es gibt klein zusammenlegbare Pelerinen, die lediglich den Nachteil haben, daß das Wasser bei starkem Regen von ihrer Unterkante direkt in die Stiefel rinnt, was nicht eben angenehm ist. Wir behalfen uns durch rasch gekaufte Nylonbahnen, die mittels Leukoplast fixiert wurden, nachdem wir sie eng um Reithosen und Stiefel gewickelt hatten. Das kann man jedoch leicht vorbereiten, und derartige »Kunststoffhülsen« gibt es sogar schon im Fachhandel. Die weitere Kleidung sollte leger und zweckmäßig sein. Sie muß allen Wetterlagen entsprechen und darf doch nicht zu viel Platz beanspruchen, wenngleich bei den gut organisierten Reittouren stets ein Begleitfahrzeug mit dem Reisegepäck mitgeführt wird.

Nimmt man für die Tour sein eigenes Pferd, muß auch dieses sorgfältig ausgerüstet werden. Wichtig ist eine gute Lage des Sattels und ein geeigneter Gurt, um Satteldrücke auszuschließen, denn immerhin liegt nun der Sattel täglich einige Stunden auf dem Pferderücken. Trotz stärkerer Schweißbildung sind Lammfellunterlagen für empfindliche Pferde anzuraten.

Das Gebiß muß sorgfältig gewählt werden. Wir stellten damals bei mehreren Pferden nach ein paar Tagen offene Maulwinkel fest, obwohl sie keineswegs hart durchpariert worden waren. Diese Verletzungen ergaben sich lediglich aus der ungewöhnlich langen täglichen Reitzeit. Aus der üblichen einen Reitstunde waren ja sechs bis acht geworden. Die burgenländischen Mietpferde aus dem Stall Lang zeigten diese Erscheinungen übrigens nicht. Damals wechselten wir die Trense mit einem sogenannten Hackamore, bei dem das Pferd nichts im Maul hat und der Zügel über einen lederbezogenen Bügel auf die Nase und damit den Kopf des Pferdes einwirkt. Wahrscheinlich ist das Hackamore für Distanzritte überhaupt zu empfehlen.

Eine leichte Decke für das Pferd sollte ebenfalls mitgenommen werden, ebenso das nötigste Putzzeug, ein Hufräumer und einige »Ersatzteile« für Sattel- und Zaumzeug, die jedoch pro Gruppe nur einmal notwendig sind.

Haben Sie keine Angst vor einem ordentlichen Muskelkater, am Morgen nach dem ersten Tag im Sattel bekommen Sie ihn ganz bestimmt. Auch Ihr Pferd, sofern es nicht optimal vorbereitet wurde, wird ein wenig steif sein. Aber das gibt sich spätestens am dritten Tag. Von da ab geht es aufwärts, und Sie werden sehen, daß fünfzig Kilometer und mehr für ein Pferd gar nichts Besonderes sind.

Nur auf gut Glück sollte man nicht losreiten. Die Zeiten, da man sein Pferd satteln und dann einfach losreiten konnte, sind leider für immer vorbei. Gute Vorbereitung der Route und Einstellmöglichkeiten gehören einfach dazu, aber das nehmen einem heute ja erfahrene Veranstalter ab, so daß dem großen Reiterlebnis eigentlich nichts mehr im Weg steht.

Links: Man sieht es diesen schmucken Haflingern keineswegs an, daß sie noch vor kurzer Zeit vor einen schweren Heuwagen gespannt waren bzw. vor dem Pflug gegangen sind. Ein flotter Ausritt unter jungen ambitionierten Reitern sorgt für Abwechslung.

Unten: Ein richtiges Reitpferd wird aus dem kleinen Langohr wohl nie werden, davon gibt es im Reiterdorf Ampflwang ohnehin mehr als genug. Also warum nicht einmal auf einem Esel mit der Reiterei beginnen? *(→ S. 177f.).*

Rechts: Salzburgs herrliche Bergwelt ist die Kulisse für Ausritte der Pferdevermietung Melchamhof in die Umgebung von Maria Alm (→ S. 186).

Unten: Zu den Pionieren des Breitenreitsports in Österreich gehört der Land- und Gastwirt Sepp Mayr in Ampflwang, OÖ. Der Ruf des Reiterdorfes mit seinen 70 Pferden aller Größen und Rassen ging mittlerweile über die Grenzen hinaus. Vom Shetlandpony bis zum Dressurpferd der Klasse S ist hier alles vertreten – eine Musteranlage, die sich kein Reitsportfan entgehen lassen sollte (→ S. 177 f.).

Links: Die ersten Sprünge. Auf gut geschulten Pferden kann man sie im Reitclub Böhmerwald in Aigen im Mühlkreis rasch erlernen. Reizvolle Ausritte ins Mühltal und in den Böhmerwald vervollständigen das Programm *(→ S. 177).*

Links unten: Flußdurchquerung im Salzburger Lungau.

Rechts: Noch drei Jahre Zeit bis zum ersten Satteln.

Oben: Winterlicher Ausritt auf trittsicheren Haflingern in Scharnstein im Almtal, OÖ.

Rechts: Das Sporthotel »Parcours« ist das gastronomische Zentrum des Ampflwanger Reiterdorfes. Rundum gruppiert liegen die weitläufigen Reitsportanlagen, Hallen und Stallungen *(→ S. 177 f.).*

Links: Das Reitgestüt Waldeck in Haid am Steinernen Meer bei Saalfelden verfügt über den größten privaten Parcoursplatz Österreichs. Hier wird das Spring-Derby geritten. Der Unterricht auf turniererfahrenen Pferden reicht in der Dressur bis Klasse M, im Springen bis Klasse S (→ S. 188).

Unten: Ein Blick in das reizvolle Gelände des Reitclubs Böhmerwald in Aigen. Die Geländereitmöglichkeiten sind praktisch unbegrenzt (→ S. 177).

Bild Seite 106: Tirol ist zur Hauptheimstätte des Haflingers geworden, dessen Zuchtanfänge im heutigen Südtirol lagen. Das Bild zeigt einen Haflingerausritt bei Reutte.

Links: Schlittenpartien sind aufgrund der Salzstreuung und des oft unsicheren Winterwetters bereits zur Seltenheit geworden. Im Böhmerwald kann man dieses Vergnügen noch genießen (→ S. 177).

Unten: Mehrstündige Ausritte in die herrliche Umgebung von Zell am See gehören zum täglichen Programm der Porsche-Reitanlagen, wo ein hochqualifizierter Reitlehrer auch Unterricht bis zu den höchsten Dressur- und Springklassen erteilt (→ S. 189).

Wohl wechselt die Kleidung der Reiter, aber Ausritte machen sowohl im Sommer als auch im Winter Spaß. Das Reit- und Tenniscenter Neukirchen am Großvenediger organisiert auch mehrtägige Ritte ins Krimmler Achental sowie in die weitere prachtvolle Umgebung (→ S. 187).

Links: Das Wintersportzentrum Kitzbühel einmal anders. Während der Sommermonate kann man hier ausgedehnte Spazierritte unternehmen.

Unten: Sattelpause unterwegs. Die Reitschule Vomperberg in Vomp, Tirol, verfügt über 40 Pferde. Neben guten Ausrittmöglichkeiten gibt es hier Reitplatz, Halle und Viereck (→ S. 195 f.).

Oben: Auch viele Hänge und Wiesen im Arlberggebiet verwandeln sich nach dem Winter von der Schipiste zur idealen Reitunterlage. Die Sportranch Otzenbach in Pettneu am Arlberg veranstaltet Ein- und Mehrtagesritte (→ S. 194).

Rechts: Kleiner Badeausflug ohne Sattel. Der Reitstall Wackerle in Leutasch bietet Geländestrecken bis 70 Kilometer Länge an (→ S. 193).

Oben: Problemlos und unkompliziert ist die Aufzucht des Haflingers. Österreich verfügt heute über einen optimalen Hengsten- und Zuchtstutenbestand.

Links: Sommerlicher Ausritt in Reutte, Tirol.

Oben: Das »Weiße Rössel« findet man nicht zufällig am Wolfgangsee. In Aigen-Voglhub verfügt der Reitstall Wolfgangsee über 14 Warmblutpferde für jedermann. Sonnige Wiesen, dunkle Wälder und geheimnisvolle Pfade kann man hier vom Pferderücken aus erforschen (→ S. 185).

Rechts: Blick in die 20 x 40 m große Reithalle der Reitschule Vomperberg (→ S. 195 f.).

Bild Seite 113: Besonders kinderfreundlich ist man im Hotel Feriengut Gargellenhof, Vorarlberg. Der Reitbetrieb läuft allerdings nur während des Sommers (→ S. 198).

HOTEL
FERIENGUT GARGELLENHOF

Rechts: Ausritt in die wunderschöne Umgebung des Movies Feriengut Gargellenhof im Montafon *(→ S. 198).*

Unten: Mit dem Reitverein Feldkirch und der Reitschule Rhetaca wurde die Stadt Feldkirch zum Zentrum des Vorarlberger Reitsports *(→ S. 197).*

Oben: Reitergruppe in Hard am Bodensee, Vorarlberg.

Links: Fast überall bereits verlorengegangen ist der enge Kontakt zwischen Bauer und Pferd. Die Technik hat den Vierbeiner in der Landwirtschaft längst überflügelt. Mit wenigen Ausnahmen, die es auch heute noch – Gott sei Dank – gibt, wie dieses Bild beweist.

Nachdem es seine Daseinsberechtigung in der Landwirtschaft und vor dem Wagen verloren hatte, begann das Pferd im Reitsport auch in Österreich ein Comeback zu feiern. Ob im Sommer oder im Winter – ein Ausritt auf dem Rücken unserer braven Vierbeiner wird immer ein Erlebnis sein.

Turnierspitzensport – das Aushängeschild der Reiterei

Man kann zum Turniersport stehen, wie man will – eines steht fest: der Aufschwung unserer Reiterei wäre ohne Spitzensport, sprich: Springreiten, nie in dem Ausmaß möglich gewesen. Dank der publizistischen Unterstützung im Fernsehen, Radio, aber auch in der Presse, begannen sich immer mehr Menschen für den Reitsport zu interessieren, bekam damit das Pferd wieder eine gewisse Bedeutung. Die Zahl der kleineren Turniere, wo Nachwuchs und Senioren – über etwas leichtere Parcours – ihr Reitkönnen messen, hat sich in den letzten Jahren vervielfacht. Ich erinnere mich an Turnierjahre in Niederösterreich, wo sechs bis acht reitsportliche Veranstaltungen die Norm waren. Heuer werden es an die fünfzig sein.

Horst Stern, noch vor wenigen Jahren mit seinem Reitbuch »So verdient man sich die Sporen« gewissermaßen einer der Wegbereiter dieses Sports (inklusive des Springens), vollzog mit seinem Buch »Sterns Pferde« praktisch eine 180-Grad-Wendung, wenn er darin den Spitzenspringsport verteufelt. Sicher hat er in vielen Punkten nicht unrecht. So ist die Beanspruchung der Pferde enorm gestiegen und damit ihre Lebenserwartung fast analog gesunken. Auch war und ist das Pferd ganz bestimmt eher ein Lauf- als ein Springtier, doch kann man die Entwicklung am Rande des Hochleistungssports, durch diesen initiiert und angekurbelt, nur positiv sehen.

Auch irrt Horst Stern, wenn er in einer seiner Fernsehsendungen behauptet, die Pferde hätten noch nie ein so hartes Brot bekommen wie heute, denn dieses Brot heißt Lorbeer. Denken wir nur an das Pferd als Kriegsmaschine, als es – jahrhundertelang – praktisch die Funktion eines lebenden Schildes hatte. Wie viele Pferde verbluteten hilflos in den großen Reiterschlachten, wie brutal und zerstörend wurden sie dabei geritten, selbst wenn sie das Massaker schließlich überlebten.

Als »Motor« vor meist überladene Postkutschen gespannt, mußten sie helfen, den Fahrplan einzuhalten, während die Intervalle für den Pferdewechsel aus wirtschaftlichen Gründen so weit wie nur möglich auseinandergezogen wurden. Und all dies betraf den Großteil der damals lebenden Pferde, während im heutigen Turniersport nur ganz wenige Tiere eingesetzt werden, verglichen mit der gesamten Zuchtproduktion.

So traditionsreich der österreichische Reitsport stets gewesen war, setzte doch Alois Podhajsky mit der Erringung der Bronzemedaille bei der Olympischen Dressur in Berlin 1936 einen gewissen Schlußpunkt. Nach Kriegsende begann ein sehr langsamer Aufbau. Man hatte weiß Gott Wichtigeres zu tun, als sich ausgerechnet um Pferde zu kümmern. Erst mit Beginn der Wiener Stadthallenturniere, vor nun fast zwanzig Jahren, kam es wieder zum Aufschwung. Der Wiener Kauf-

EINIGE HINDERNISFORMEN

Amsterdamer Tor

Backsteinmauer mit Auflagen

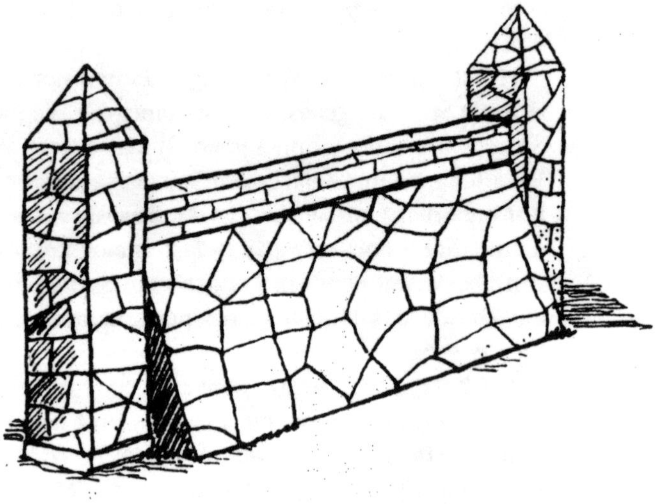

Billard

Bretterzaun

Elefantensprung

Feldsteinmauer mit Rick

mann Hans Wewalka, selbst begeisterter Turnierreiter und österreichischer Staatsmeister im Springreiten auf dem hervorragenden französischen Pferd »Curioso«, begann das Stadthallenturnier aufzubauen. In Leo Huemer, dem Veranstaltungsleiter der Halle auf dem Vogelweidplatz, fand er einen begeisterten Partner. Das erste Turnier war zwar ein Wagnis, aber es schlug ein. Von Jahr zu Jahr wuchs das Interesse am Springreiten.

Manche werden sich wohl noch an die spannenden Ritte eines Fridolin Schindler auf »Smoky«, einer Alma Pietsch-Holländer auf ihrer »Anisette« oder eines Adolf Lauda auf »Schönbrunn« erinnern. Dazu kam die Kärntner Phalanx mit Dolfi Funder und Willi Rainer sowie Lisl Koreska, der es – heute mit Dipl.-Ing. Adolf Funder verheiratet – als einziger Amazone gelang, den Anschluß bis in unsere Tage zu halten. Nicht zu vergessen Christl Schuß, deren »Bambino« bewies, daß Turnierpferde auch sehr lange erfolgreich sein können, wie dies ja auch bei »Curioso« der Fall gewesen war.

So ritten die Österreicher zwar international in der Stadthalle oft erfolgreich, bei den großen Turnieren im Ausland fehlten sie hingegen, mit einer Ausnahme: Peter Lichtner-Hoyer, der auf dem kleinen Sarden »Deciso de Nora« auch bei vielen Turnieren in der Bundesrepublik und in Italien durchaus mithalten konnte. Aber abgesehen von den Funders blieb man lieber zu Hause. Etwas später kam noch die junge Niederösterreicherin Monika Leiterberger hinzu, die bei der Damen-EM in St. Gallen in den sechziger Jahren sogar eine Bronzemedaille errang.

Der Erfolg des Wiener Turnieres läßt sich heute wohl vor allem daraus erklären, daß man bei uns eben danach hungrig war, diesen so faszinierenden Sport einmal im Jahr miterleben zu können. Die rein sportlichen Anforderungen waren nämlich nicht annähernd mit den heutigen vergleichbar. Die Österreicher konnten damals in erster Linie deshalb zur echten Konkurrenz für einen Hans-Günther Winkler oder Nelson Pessoa werden, da die ausländischen Cracks nicht immer mit ihren Spitzenpferden vertreten waren. Hier zählten vor allem die Namen der Reiter und weit weniger die ihrer Pferde, zumal die Kenntnis des internationalen Turniersports bei uns nicht allzusehr in die Tiefe ging. Man kam daher als Spitzenmann nicht nach Wien, um sich hier für eine EM zu qualifizieren, sondern weil es sich eben um ein besonders nettes Turnier in einer nicht minder netten Stadt handelte, das darüber hinaus immer bestens organisiert wurde.

Heute ist das längst anders. Durch die Vielzahl internationaler Veranstaltungen in ganz Europa, die auch meist via TV ins Haus geliefert werden, aber auch durch die österreichischen Turniere – so Österreichs CSIO als offizielles Turnier in Laxenburg – förmlich gezwungen, zog man auch in der Stadthalle mit. Die Parcours wurden schwieriger, die Geldpreise erreichten die internationale Norm, der gezeigte Sport Europaniveau. Und noch immer können sich österreichische Reiter, nämlich unser Nationalteam, hier behaupten, das heute – überall auf der Welt – im Konzert der großen Reiternationen wieder mitspielt. Die schönen Turniere mit vielen gesellschaftlichen Ereignissen gehören allerdings der Vergangenheit an; eigentlich schade, aber unabänderlich. Den Reiz der Neuheit gibt es eben nur einmal, und wer von uns denkt nicht mit gewisser Wehmut an sein erstes Fahrrad, Moped oder Auto zurück, das ganz bestimmt nicht so perfekt war wie unsere heutigen fahrbaren Untersätze – aber nicht einmal ein so gräßliches Wort dafür wäre uns damals in den Sinn gekommen, oder?

Die Wende zum Spitzensport im Springreiten kam praktisch über Nacht. Das Jahr 1972 kann für unseren Reitsport als signifikant bezeichnet werden. Es war das Jahr der Olympischen Spiele in München, das Jahr des Hugo Simon.

Gekannt hatten den kleinen Reiter mit dem großen Mut und Können schon viele von früher. Auch in der Stadthalle war er ja einige Male mit dabeigewesen. Aber wirklich kennengelernt haben wir ihn alle erst viel später.

Die Meinung im österreichischen Lager war einigermaßen geteilt, als urplötzlich jener Hugo Simon bei uns auftauchte, mit dem brandneuen österreichischen Paß in der Hand. Geburtsort hin oder her – für uns war er ein deutscher Reiter, der seine Nichtnominierung für den Olympiakader der BRD damit kompensiert hatte, daß er jetzt eben für Österreich reiten wollte. Mit der Superstute »Fair Lady« besaß er gewiß ein Pferd mit Chancen, aber schließlich war und blieb er doch ein Ausländer.

Ich erinnere mich noch gut an seinen Ausspruch anläßlich des Wiener Spring-Derbys in der Freudenau, als er nach seinem Sieg meinte, er werde sich für derartige Anlässe wohl einige »Wühlmäuse« anschaffen müssen, denn seine Pferde seien an solche »Cavalettis« nicht gewöhnt. Dabei standen dort – für unsere Begriffe – recht beachtliche Hindernisse, aber wir kannten eben noch viel zuwenig die Anforderungen bei wirklich großen Prüfungen.

Als »Fair Lady« durch eine Fußverletzung ausfiel und dafür ein junger sechsjähriger Schimmel-Wallach namens »Lavendel« einspringen mußte, waren die Nörgler vollends aus dem Häuschen. Ein Mann – nicht einmal der Reiter selbst – glaubte allerdings an den Schimmel: Oberstleutnant a. D. Fritz Jiresch, damals amtsführender Vizepräsident des österreichischen Bundesfachverbandes für Reiten und Fahren. Er verlangte als Qualifikation zwei der schwersten Turniere mit einer Mindestplacierung unter den ersten vier Bewerbern. Fast aussichtslos, aber »Lavendel« und Hugo Simon schafften es. Die Fachwelt begann aufzuhorchen. Zwar stand bis zuletzt der Einsatz von »Fair Lady« zur Debatte, doch Simon entschied sich kurz vor den Olympischen Spielen für den topfiten Wallach.

Der Ausgang des Unternehmens ist bekannt. Ein einziger Wassergrabenfehler weniger, oder wäre die rotweißrote Stange beim letzten Sprung liegengeblieben – Hugo Simon wäre auf »Lavendel« Olympiasieger 1972 geworden. So aber ging das Gold an Italiens Graciano Mancinelli und den Schimmel »Ambassador«, während für Hugo »nur« der vierte Platz herausschaute. Immerhin war er damit erfolgreicher als alle seine deutschen Ex-Reiterkollegen, was wieder einen Sturm in den BRD-Gazetten auslöste.

Hätten die Nörgler von einst recht gehabt, wäre der Fall für Simon nun erledigt gewesen. Seine Rechnung war aufgegangen, und er hätte sich nun auf seinen Lorbeeren ausruhen können. Aber das war nicht seine Absicht. Zwar eilte er weiterhin auf »Lavendel« von Sieg zu Sieg, schlug, nicht nur einmal, den frisch gebackenen Olympiasieger und den Rest der Weltelite – aber er blieb doch zum Einzelgänger gestempelt.

»Einmal mit einer österreichischen Mannschaft einen Nationenpreis reiten können«, schwärmte er immer wieder. Nicht zu gewinnen oder vorne dabeizusein, nein, nur im Nationenpreis mitzumischen – das war von nun ab sein Ziel.

Es ließ aber doch ein wenig auf sich warten. Zwar verfügten wir unterdessen über einigen talentierten Nachwuchs sowie auch über recht ambitionierte Routiniers, doch ihnen allen fehlte die nötige internationale Erfahrung. Mit einer Ausnahme vielleicht, Tino Magalow, der seit vielen Jahren bereits international im Sattel gewesen war. Dazu kamen mit einigem »Reithunger« der Niederösterreicher Thomas Frühmann und der Salzburger Rüdiger Wassibauer. Auf diese drei setzte nun Simon; er nahm sie vorerst zu kleineren Turnieren mit, wobei er sogar vor mittleren Erpressungen nicht zurückscheute. Denn die Veranstalter wollten zwar unbedingt Hugo Simon am Start haben, aber nicht so sehr den Rest des rotweißroten Teams. Also knüpfte Simon an seinen Start die Einladebedingung für die übrige Mannschaft, was fast immer – wenn auch oft erst nach einigem Hin und Her – akzeptiert wurde.

Im Laufe der Turnierfolgen trat nun langsam eine Wende ein. Die österreichischen Reiter wurden immer routinierter, ihre Pferde kamen immer besser mit den schweren Parcours zurecht, und so holte sich das Team beispielsweise 1974 in Aachen beim schweren CHIO an die dreißig Placierungen. Dies wäre noch kurz zuvor einfach unvorstellbar gewesen. Harte Arbeit und ausdauerndes Training begannen nun die ersten Früchte zu tragen.

Besonders Thomas Frühmann überraschte mit immer besseren Leistungen auf den Pferden »SOS« und »Kadett«. Die österreichische Hymne beim Einritt der Nationen kannte man bereits, die Leistungen der Mannschaft begannen zu überzeugen. Als unser Team beim CSIO Laxenburg nach dem ersten Umlauf im Nationenpreis sogar vor der deutschen Equipe auf dem ersten Rang lag, glaubte man bereits, einer Sensation nahe zu sein. Leider bauten Reiter und Pferde im zweiten Umlauf ziemlich ab und landeten schließlich auf Rang vier. Aber auch das war noch recht beachtlich.

Mit dieser Aufwärtsentwicklung ging auch ein Wandel im Bundesfachverband Hand in Hand. Aus einer eher repräsentativen Organisation wurde ein straff geführtes Management, ohne das der moderne Reitsport nicht mehr zu organisieren ist. Eine Reihe ambitionierter Fachleute, wie der ehemalige Stadthallenstarter Fridolin Schindler, der die Sparte Springsport übernahm, als Vizepräsident sowie Direktor Rudolf Haas als Finanzreferent und Baumeister Kurt Setti als Generalsekretär brachten neuen Wind in den altehrwürdigen Reiter-Dachverband. Das Turnierreferat übernahm Min.-Rat Dipl.-Ing. Müller, der neben seiner Leidenschaft, dem Parcoursbau, auch eine österreichische Turnierordnung entwarf, die endlich – zu Beginn des Jahres 1977 – anstelle der bisher angewandten deutschen LPO (Leistungsprüfungsordnung) in Funktion trat.

Es tat sich also einiges im heimischen Turniersport. Die beiden Neo-Österreicher Boris Boor (früher ČSSR) und Henk Hulzebos (früher Niederlande) verstärkten die Equipe, was sich nach dem leichten Abbau des beruflich stark überlasteten Rüdiger Wassibauer nur positiv auswirkte.

Im Olympiajahr 1976 blieb die Frage über die Entsendung einer österreichischen Reitermannschaft lange offen. Nach mittleren Erfolgen beim CSIO Hickstead gab dann der hervorragende dritte Rang im Schweizer Nationenpreis in Luzern den Ausschlag. Die Österreicher durften nach Montreal. Bei Hugo Simon war dies stets außer Frage gestanden, doch für die Equipe bedeutete es doch eine schöne Auszeichnung.

Das Ergebnis ist bekannt. »Lavendels« noch immer vorhandene Unsicherheit am Wassergraben, aber vielleicht auch seine erst kurz zuvor überstandene Transportverletzung – Hugo Simon hatte in Kanada fast zwei Drittel der zur Verfügung stehenden Zeit mit ihm pausieren müssen – ergaben schließlich einen zwar guten, aber für Simon nicht befriedigenden Rang fünf im Endklassement.

Der Rest der Mannschaft war der schweren Aufgabe doch noch nicht vollends gewachsen. Ein wider Erwarten übernervöser Heinrich Hulzebos kam mit »Procat« schon nach wenigen Sprüngen derart schwer zum Sturz, daß man das Pferd auch im Nationenpreis nicht mehr einsetzen konnte. Und Thomas Frühmann sammelte auf dem so teuer erkauften Pferd »Star Favorit«, das ihm vom österreichischen Förderungskomitee für den Turnierreitsport zur Verfügung gestellt worden war, Fehler um Fehler. Unter Tino Magalow hatte der elfjährige braune Wallach aus dem Stall Schockemöhle beinahe noch besser ausgesehen als unter Frühmann in Kanada. Das Pferd wirkte ausgebrannt und zäh, was auch der sehr kraftvoll reitende Frühmann nicht ausgleichen konnte. Demnach ein Platz unter ferner liefen.

Das Einzelspringen in Bromont wurde zum großen Tag des sympathischen Deutschen Alwin Schockemöhle, der auf seinem »Warwick Rex« an den Vorjahrssieg in der Europameisterschaft nun auch noch den Olympiasieg reihte. Er blieb als einziger des internationalen Spitzenfeldes in beiden Umläufen fehlerfrei, was außer ihm an diesem Tag wohl niemand geschafft hätte. Auch Hugo Simon nicht, wie dieser offen zugab. Aber wäre er auf »Lavendel« ins Stechen um die Restmedaillen gekommen, hätte er doch noch Silber oder Bronze erringen können. So muß sich der oftmalige Vierte mit seiner Bronzemedaille von der WM in Hickstead trösten und weiterhoffen. Denn im Nationenpreis verfehlte Österreich nur knapp den Platz unter jenen besten acht Nationen, die sich die vorderen Plätze im zweiten Umlauf auszumachen hatten. Ebenso erging es der berühmten holländischen und italienischen Mannschaft, während sich der ziemlich krasse Außenseiter Frankreich die Goldmedaille in der Mannschaftswertung holte, gefolgt von der BRD, deren Silbermedaille wieder auf das Konto des hervorragend reitenden Alwin Schockemöhle ging.

»Moskau ist ja sicher auch eine interessante Stadt«, spielte man im österreichischen Reiterlager unmittelbar nach dem nicht optimalen Abschneiden in der Mannschaftswertung auf den Austragungsort der nächsten Olympischen Spiele an. Nur die entsprechenden Pferde brauchen sie noch, die Reiter rund um Hugo Simon. Dabei hat das kleine Österreich im Laufe der letzten Jahre dermaßen viel auf reiterlicher Ebene geleistet wie kaum eine andere Nation. Der – wieder einmal – vierte Platz von Hugo Simon bei der EM 75 in München brachte uns darüber hinaus das Recht ein, die Europameisterschaften 1977 in Österreich abzuhalten. Die Medaillen waren in München nämlich alle an Deutschland gegangen – Alwin Schockemöhle (Gold), Hartwig Steenken (Silber) und Sönke Söhnksen (Bronze) –, wodurch Österreich zum Zug kam, da die EM nicht zweimal hintereinander im selben Land stattfinden darf. Und wenn daher vom 22. bis zum 26. Juni 1977 im Bundessportzentrum Südstadt, NÖ., um sechs Medaillen (3x Einzel-, 3x Mannschaftswertung) geritten werden wird, gibt es für Hugo Simon und sein Team wieder eine Chance – die Chance, erneut zu beweisen, was Österreichs Reiter in den letzten Jahren gelernt haben. Zu dieser Veranstaltung werden keine schwächeren Reiter oder Pferde entsandt werden, als vor einigen Monaten in Montreal am Start waren.

In Österreich brachten die internationalen Erfolge des Nationenpreisteams positive Auswirkungen. So gab und gibt es immer mehr Turniere mit ausländischer Beteiligung. Salzburg machte mit seinem bekannten CHI den Anfang, es folgten Laxenburg und Laab im Walde in Niederösterreich. Der Reitverein Freudenau im Wiener Prater veranstaltete schon immer große Turniere, darunter auch einmal eine EM für Amazonen.

Auch die Jugend tut sich immer mehr hervor. Der unerwartete Erfolg des jungen österreichischen Teams bei den Europameisterschaften 1974 in Luzern – damals holte sich Österreich die Goldmedaille in der Mannschaftswertung – verhalf uns zu Österreich als Austragungsort der EM 75, die in Dornbirn durchgeführt wurde. Zwar gab es dort für die ziemlich optimistischen jungen Österreicher eine kalte Dusche – sie landeten weit abgeschlagen im hinteren Feld –, aber dennoch geht der Aufbau weiter. Der bekannte ehemalige deutsche Turnierreiter Wolfgang Bartels trainiert die jungen österreichischen Springreiter, die in Lisl Funder ein optimales Sprachrohr, aber auch nachahmenswertes Vorbild fanden.

Denn auf weite Sicht kann man mit einer so kleinen Spitzenmannschaft, wie Hugo Simon sie derzeit um sich geschart hat, nicht erfolgreich bleiben. Nötig wäre ein Kader von mindestens zehn Reitern mit etwa zwanzig guten Pferden. Aber gerade bei letzteren gibt es Schwierigkeiten. Der Anschaffungspreis eines chancenreichen Spitzenpferdes liegt heute nicht weit unter einer Million Schilling, für manche werden auch höhere Summen bezahlt.

In Österreich fehlen jedoch die finanzkräftigen Sponsoren, wie sie etwa den deutschen Springcracks ständig unter die Arme greifen. Dr. Herbert Batliner und sein Stall »Rhetaca« in Feldkirch (Vorarlberg) sind eigentlich derzeit die einzigen ernst zu nehmenden Patronanzgeber, wenn man vom großzügigen Engagement Dipl.-Ing. Adolf Funders absieht, der den Ankauf des Pferdes »Weiko« (»Star-Favorit«) für Thomas Frühmann und die Spiele in Montreal ermöglicht hat.

Kärnten wäre überhaupt ein guter Boden für weitere Aktivitäten. In St. Veit begannen die Funders – nach großen Erfolgen bei der Ausrichtung internationaler Military-Turniere – nun auch mit einem internationalen Turnier, das an die große Tradition der schönen Parcours in der Veldener Waldarena anschließen könnte, die ja leider der Vergangenheit angehören.

Allerdings haben es die Turnierveranstalter immer schwerer. Die internationale Entwicklung ging ja nicht nur in Österreich weiter. Der Turnierkalender ist derzeit unwahrscheinlich dicht geworden, und jeder Veranstalter möchte klingende Reiter- und Pferdenamen in seinem Programm sehen. Dies führte zu einem inoffiziellen, aber deshalb nicht minder harten Konkurrenzkampf der Veranstalter, die sich mit stets steigenden Preisgeldern immer weiter in Zahlen lizitieren, die einen Gewinn bei einer Veranstaltung fast unmöglich machen. Mehr noch: Die großen Veranstaltungen sind defizitär geworden, und man muß – ähnlich wie die Reiter – finanzkräftige Sponsoren suchen und finden, um nicht zu stark in die roten Zahlen zu geraten. Daher sind neu hinzukommende Turnierveranstalter zu bewundern, denn das Risiko, auf die eigenen Kosten zu kommen, ist riesengroß geworden.

Dennoch ist dieser Aufschwung, der sich unter anderem in der Quantität widerspiegelt, auch vom Standpunkt der Reiterei aus zu begrüßen. In Österreich kommt 1977 ein neuer Veranstalter hinzu. Die Tiroler Fremdenverkehrsgemeinde St. Johann – dank einiger Turniere mit ausländischer Beteiligung (CHA) schon einigermaßen routiniert – wagt sich im August an ihr erstes internationales Turnier (CSI), für das man schon fest die Daumen drücken sollte.

ERGEBNISSE DER OLYMPISCHEN REITERSPIELE 1976 IN BROMONT, KANADA

Einzelspringen

Pl.	Name (Alter)	Nat.	Pferd	1. U.	2. U.	Total
1.	Alwin Schockemöhle (39)	GER	Warwick Rex	0	0	0
2.	Michel Vaillancourt (22)	CAN	Branch County	4	8	12
				St. 4 – 49,8		
3.	François Mathy (31)	BEL	Gai Luron	8	4	12
				St. 8 – 53,9		
4.	Debbie Johnsey (19)	GBR	Moxy	4	8	12
				St. 15,25 – 70,7		
5.	Guy Creighton (28)	AUS	Mr. Dennis	4	12	16
	Marcel Rozier (40)	FRA	Bayard de Maupas	4	12	16
	Frank Chapot (44)	USA	Viscount	4	12	16
	Hugo Simon (33)	AUT	Lavendel	8	8	16
9.	Luis Alvarez-Cervera (29)	ESP	Acorne	8	9,50	17,50
10.	Eduardo Amoros (33)	ESP	Limited Edition	8	12	
	Hans Günter Winkler (50)	GER	Torphy	4	16	20
12.	Raimondo d'Inzeo (51)	ITA	Bellevue	8	16	24
13.	Henk Nooren (21)	HOL	Jagermeester	8	18	26
14.	Peter Robeson (50)	GBR	Law Court	4	23,75	27,75
15.	James Elder (42)	CAN	Raffles II	8	20	28
	James Day (30)	CAN	Sympatico	8	20	28
17.	Hubert Parot (43)	FRA	Rivage	8	20,25	28,25
18.	Argentino Molinuevo (31)	ARG	Marsupial	8	27,50	35,50
19.	Carlos Aguirre (24)	MEX	Consejero	6	ausgesch.	
	Juan A. Rieckehoff (23)	PUR	Don Juan	8	ausgesch.	

Im ersten Umlauf ausgeschiedene Reiter:

Pl.	Name (Alter)	Nat.	Pferd	1. U.
21.	Fernando Senderos (26)	MEX	Jet Run	11,75
22.	William Murphy (31)	USA	Do Right	12
	Roberto Tagle (30)	ARG	Simple	12
	Oswaldo Mendez (19)	GUA	Gray Flight	12
25.	Graziano Mancinelli (39)	ITA	Bel Oiseau	16
	Piero d'Inzeo (53)	ITA	The Avenger	16
	Bruno Candrian (29)	SUI	Golden Shuttle	16
	Anton Ebben (45)	HOL	Jumbo Design	16
29.	William Brown (20)	USA	A Little Bit	16,50
30.	Joe Yorke (28)	NZL	Big Red	20
	Rob Eras (22)	HOL	Iwan F	20
	Hirokaza Higashira (29)	JPN	Second Mate	20
	Stanny van Paesschen (19)	BEL	Porsche	20
	Graham Fletcher (25)	GBR	Hideaway	20
	Jan-Olof Wannius (34)	SUE	Kil Kellen	20
36.	Paul Schockemöhle (30)	GER	Talisman	24
37.	Kevin Bacon (41)	AUS	Chichester	25,50
38.	Thomas Frühmann (25)	AUT	Star Favorit	28
39.	Tsunekazu Takeda (28)	JPN	Fink	33
40.	Luis Razo (35)	MEX	Pueblo	33,50
41.	Marc Roguet (43)	FRA	Belle de Mars	36
42.	Ryuichi Obata (21)	JPN	Manhattan	47
43.	Eric Wauters (25)	BEL	Gute Sitte	47,50
	Barry Roycroft (32)	AUS	Four Corners	elim.
	Henk Hulzebos (26)	AUT	Procat	elim.
	Alfonso Segovia (31)	ESP	Val de Loire	elim.
	Roberto Nielsen-Reyes (33)	BOL	Concorde	elim.
	Jorge Llambi (37)	ARG	Chimborazo	verz.

Preis der Nationen

		1. Umlauf	2. Umlauf	Total
1. Frankreich		**24 (1*)**	**16 (1)**	**40,00**
Hubert Parot (43)	Rivage	8,00 – 114,9	4,00 – 123,9	12,00 – 238,8 (3)
Marc Roguet (43)	Belle de Mars	8,00 – 109,8	(16,00 – 113,0)	24,00 – 222,8 (15)
Michel Roche (37)	Un Espoir	(24,00 – 114,5)	8,00 – 113,5	32,00 – 228,0 (24)
Marcel Rozier (40)	Bayard de Maupas	8,00 – 114,4	4,00 – 115,5	12,00 – 229,9 (1)
2. Deutschland		**24 (1*)**	**20 (2)**	**44,00**
Paul Schockemöhle (30)	Agent	(16,00 – 113,1)	8,00 – 115,2	24,00 – 228,3 (17)
Sönke Sönksen (38)	Kwept	8,00 – 105,1	(12,00 – 107,0)	20,00 – 212,1 (8)
H. G. Winkler (50)	Torphy	12,00 – 116,3	4,00 – 119,5	16,00 – 235,0 (7)
Alwin Schockemöhle (39)	Warwick Rex	4,00 – 114,5	8,00 – 117,7	12,00 – 232,2 (2)
3. Belgien		**32 (6)**	**31 (4)**	**63,00**
Edgar Cuepper (27)	Le Champion	12,00 – 112,4	16,oo – 111,6	28,00 – 224,0 (20)
Stanny v. Paesschen (19)	Porsche	(16,00 – 109,4)	(20,00 – 116,8)	36,00 – 226,2 (27)
Eric Wauters (25)	Gute Sitte	8,00 – 109,1	7,00 – 123,3	15,00 – 232,4 (4)
François Mathy (31)	Gai Luron	12,00 – 118,6	8,00 – 116,8	20,00 – 235,4 (11)

4. USA		**40 (7)**	**24 (3)**	**64,00**
William Brown (20)	Sandsablaze	12,00 – 114,2	16,00 – 113,6	28,00 – 227,8 (21)
Robert Ridland (25)	South Side	(16,00 – 115,7)	4,00 – 113,4	20,00 – 229,1 (9)
Michael Matz (25)	Grande	16,00 – 107,6	(24,00 – 112,4)	40,00 – 220,0 (32)
Frank Chapot (44)	Viscount	12,00 – 115,8	4,00 – 115,3	10,00 – 231,1 (6)
5. Kanada		**28 (3)**	**36,50 (6)**	**64,50**
James Day (30)	Sympatico	4,00 – 116,8	16,00 – 115,6	20,00 – 232,4 (10)
Michel Vaillancourt (22)	Branch County	8,00 – 120,4	12,50 – 127,9	20,50 – 248,3 (12)
Ian Millar (29)	Countdown	(19,50 – 127,6)	8,00 – 112,1	27,50 – 239,7 (19)
James Elder (42)	Raffles II	16,00 – 113,7	(20,00 – 115,1)	36,00 – 228,8 (29)
6. Spanien		**31 (4)**	**40 (7)**	**71,00**
Eduardo Amoros (33)	Limited Edition	12,00 – 107,4	(27,00 – 125,9)	39,00 – 233,3 (31)
José M. Rosillo (24)	Agamemnon	(16,00 – 106,8)	20,00 – 120,3	36,00 – 227,1 (28)
Alfonso Segovia (31)	Val de Loire	11,00 – 120,7	12,00 – 109,0	23,00 – 229,7 (13)
Luis Alvarez-Cervera (29)	Acorne	8,00 – 109,5	8,00 – 104,7	16,00 – 214,2 (5)
7. Großbritannien		**44 (8)**	**32 (5)**	**76,00**
Graham Fletcher (25)	Hideaway	16,00 – 110,0	(20,00 – 112,3)	33,00 – 222,3 (26)
Debbie Johnsey (19)	Moxy	8,00 – 107,6	16,00 – 107,0	24,00 – 214,6 (14)
Roland Fernyhough (22)	Bouncer	(27,00 – 115,5)	4,00 – 107,2	31,00 – 222,7 (23)
Peter Robeson (50)	Law Court	20,00 – 124,9	12,00 – 104,6	32,00 – 229,5 (25)
8. Mexiko		**31,75 (5)**	**44,50 (8)**	**70,25**
Carlos Aguirre (24)	Consejero	15,75 – 144,6	(22,50 – 139,6)	38,25 – 284,2 (30)
Luis Razo (35)	Pueblo	8,00 – 119,0	20,50 – 131,7	28,50 – 250,7 (22)
Fernando Hernandez (52)	Fascination	(16,00 – 117,8)	8,00 – 115,0	24,00 – 232,8 (18)
Fernando Senderos (26)	Jet Run	8,00 – 111,5	16,00 – 113,2	24,00 – 224,7 (16)

Nach dem ersten Umlauf ausgeschiedene Mannschaften:

9. Australien		**48**
Barry Roycroft (32)	Four Corners	12,00 – 106,9
Guy Creighton (28)	Mr. Dennis	10,00 – 114,3
Kevin Bacon (41)	Chichester	20,00 – 109,1
9. Italien		**48**
Graziano Mancinelli (51)	Bel Oiseau	20,00 – 114,5
Raimondo d'Inzeo (51)	Bellevue	20,00 – 112,3
Giorgio Nuti (22)	Springtime	(20,00 – 120,1)
Piero d'Inzeo (53)	Easter Light	8,00 – 111,6
11. Österreich		**52**
Thomas Frühmann (25)	Star Favorit	16,00 – 112,5
Heinrich Hulzebos (26)	D'Accord	24,00 – 117,6
Hugo Simon (33)	Lavendel	12,00 – 114,2
Rüdiger Wassibauer (27)	Sulgrave	(36,00 – 111,3)
12. Holland		**60**
Rob Eras (22)	Iwan F	8,00 – 107,3
Henk Nooren (21)	Pluco	28,00 – 112,4
Johan Heins (29)	Jagermeester	(28,00 – 113,0)
Anton Ebben (45)	Jumbo Design	24,00 – 117,7
13. Japan		**67,25**
Masayasu Sugitani (33)	Mary Mary	20,00 – 106,8
Hirokaza Higashira (29)	Second Mate	20,00 – 104,3
Tsunekazu Takeda (28)	Fink	27,75 – 126,1
Ryuichi Obata (21)	Manhattan	(28,00 – 101,8)
Argentinien		
Roberto Tagle (30)	Simple	20,00 – 115,8
Argentino Molinuevo (31)	Marsupial	aufgegeben
Jorge Liambi (37)	Chimborazo	verzichtet

Welche Turnierkategorien gibt es?

Immer wieder hört man die Begriffe CHI, CHR oder ähnlich klingende Abkürzungen, ohne vielleicht zu wissen, was damit gemeint ist. Allen echt Interessierten sei die Anschaffung der neuen ÖTO, der Österreichischen Turnierordnung, empfohlen, die seit Jänner 1977 in Kraft getreten ist. Aber so kompliziert, wie es aussieht, ist dieses Buchstabenkauderwelsch nun auch wieder nicht.

Nach dem Teilnehmerkreis gegliedert, gibt es, von oben beginnend:

Championate. Dies sind die Welt- und Europameisterschaften, aber auch Meisterschaften innerhalb anderer Regionen (zum Beispiel die Lateinamerikanischen Meisterschaften usw.). Die Championate sind auch auf bestimmte Sparten aufgeteilt, wie Dressur, Springen usw.

Offizielle Internationale Turniere. Sie führen hinter der jeweiligen Kurzbezeichnung (siehe Tabelle) den Buchstaben »O«. Jedes Land kann einmal jährlich ein offizielles Turnier veranstalten, zu dem jede FN (Federation National = Dachverband des Reitsports jeder Nation) eine offizielle Equipe entsendet. Besonderheit: der Nationenpreis.

Internationale Turniere für Equipen, gekennzeichnet durch ein »E« am Ende der Kurzbezeichnung. Das sind internationale Springturniere, bei denen ein Mannschaftsbewerb, »Int. Cup«, ausgetragen wird, an dem drei Reiter eine Equipe bilden (kein Streichresultat).

Internationale Turniere, CHI, sind Veranstaltungen, zu denen Reiter verschiedener Nationen eingeladen werden können. Die Bewerbe stehen In- und Ausländern offen.

Freundschaftsturniere, CHA, sind Turniere, an denen – außer den inländischen Teilnehmern – auch ausländische Reiter *einer* anderen Nation oder höchstens vier ausländische Teilnehmer verschiedener Nationen teilnehmen können.

Nationale Turniere, CHN, stehen inländischen Teilnehmern offen. Geritten werden Bewerbe der Klassen L bis S. Alle Landesfachverbände sind einzuladen.

Regionale Turniere, CHR, werden vorwiegend mit Reitern eines Bundeslandes (des Veranstalters) beschickt. Maximal zwei weitere Bundesländer dürfen auf Einladung Reiter entsenden (Klassen A bis M).

Lokale Turniere, CHL, dürfen nur von Reitern eines Bundeslandes (des Veranstalters) geritten werden. Sie dauern einen Tag. Klassen: A bis L.

TURNIERKATEGORIEN

	Turnierkategorie	Teilnahmeberecht. Reiter	Teilnahmeberecht. Pferde	Teilnehmerkreis	Bewerbe	Genehmigung
Offene Turniere	Championat Intern. Offizielles Turnier	von FN genannte Reiter	bei der FN registrierte Pferde mit FEI-Paß	alle der FEI angeschlossenen FN	Gem. Besond. Bestimmungen der FEI	FEI über BFV
	Intern. Springturnier für Equipen	von FN genannte Reiter	bei der FN registrierte Pferde mit FEI-Paß	eingeladene FN	Intern. Cup sonst wie CI	FEI über BFV
	Intern. Turnier	von FN genannte Reiter	bei der FN registrierte Pferde mit FEI-Paß	persönlich eingeladene Reiter und Reiter der eingeladenen FN	Gem. Besond. Bestimmungen der FEI	FEI über BFV
	Freundschaftsturnier	Ausländer: von ihrer FN genannt Inländer: Lizenzinhaber	Ausländer: wie bei Intern. Turnier Inländer: bei BFV registriert	persönlich eingeladene Reiter und Reiter einer einzigen ausländischen FN	wie CI	BFV über LFV FEI angezeigt
	Nationales Turnier	Lizenzinhaber	bei BFV registriert	aus allen Bundesländern	L bis S	BFV über LFV
	Regionales Turnier	Lizenzinhaber	bei BFV registriert	veranstaltendes und zwei weitere Bundeslän.	A bis M	LFV und BFV angezeigt
	Lokales Turnier	mit Mitgliedsausweis	bei BFV registriert	veranstaltendes Bundesland	A und L	LFV
	Mannschaftsturnier	Lizenzinhaber	bei BFV registriert	eingeladene Vereins- oder Landesmannschaften	A bis M	LFV
	Geschlossenes Turnier	mit Mitgliedsausweis	frei	Angehörige des veranstaltenden Vereines und Kursteilnehmer	unbegrenzt	LFV angezeigt

TURNIERKATEGORIEN – ABKÜRZUNGEN

Turnierkategorie	Dressur		Springen		Vielseitigkeit		Fahren		Voltigieren		zwei oder mehr Sparten	
	1	2	1	2	1	2	1	2	1	2	1	2
Championate	WM EM	EMJ	WM EM	EMJ	WM EM	EMJ	WM EM					
Internationale Offizielle Turniere	CDIO	CDIOJ	CSIO	CSIOJ	CCIO	CCIOJ	CAIO				CHIO	CHIOJ
Internationale Springturniere für Equipen			CSIE									
Internationale Turniere	CDI	CDIJ	CSI	CSIJ	CCI	CCIJ	CAI				CHI	CHIJ
Freundschaftsturniere	CDA	CDAJ	CSA	CSAJ	CCA	CCAJ	CAA				CHA	CHAJ
Nationale Turniere	CDN	CDNJ	CSN	CSNJ	CCN	CCNJ	CAN		CVN		CHN	CHNJ
Regionale Turniere	CDR	CDRJ	CSR	CSRJ	CCR	CCRJ	CAR		CVR		CHR	CHRJ
Lokale Turniere	CDL	CDLJ	CSL	CSLJ	CCL	CCLJ	CAL		CVL		CHL	CHLJ
Mannschaftsturniere	CDM	CDMJ	CSM	CSMJ	CCM	CCMJ	CAM				CHM	CHMJ

1… Allgemein
2… Jugendturnier (Jugendliche, Junioren)

93

Bild Seite 129: Dieses Paar zählt seit Jahren zu den erfolgreichsten der Welt: Hugo Simon auf seinem Schimmel »Lavendel«. Vierter bei den Olympischen Spielen in München 1972, Dritter und Bronzemedaillengewinner bei der WM in Hickstead, Fünfter Platz bei den Olympischen Spielen in Montreal 1976. Dazu kommen fast unzählige Siege bei den schwersten Springen der Welt.

Rechts: Klassisches Springreiten ist älter, als man glaubt, auch wenn damals Haltung und Stil grundsätzlich anders waren als heute. Dieser Stich von 1830 zeigt Moritz Graf Sandor.

Unten: Neben Hugo Simon die wohl größte internationale Erfahrung hat Tino Magalow, hier auf »Weiko«, der dann unter dem Namen »Star Favorit« von Thomas Frühmann in Montreal geritten wurde. Magalow sorgte als Anfangsreiter – was niemand gerne ist – bei vielen Nationenpreisen für gute österreichische Placierungen.

Oben: Rüdiger Wassibauer ritt bereits 1972 bei den Spielen in München, allerdings in der Military. Hohe Dressurplacierungen folgten. Erst dann übersiedelte er endgültig zum Springsport. Die knappe Freizeit läßt dem 29jährigen Allroundler allerdings oft zuwenig Zeit für das so wichtige Training.

Links: Thomas Frühmann, neben Simon der wohl stärkste Reiter des österreichischen Teams. Hier reitet er auf »Kadett« eben einem 2. Platz beim CSIO Hickstead entgegen.

Rechts: Dipl.-Ing. Adolf Funder ist, wie seine Frau Lisl, eine der profiliertesten Reiterpersönlichkeiten Österreichs. Der vielbeschäftigte Industrielle unterstützte nicht nur schon des öfteren talentierte junge Reiter, sondern sitzt auch selbst nach wie vor souverän im Springsattel.

Links unten: Kam, sah und siegte. Hugo Simon gewann seit seiner Einbürgerung bisher viermal die österreichische Staatsmeisterschaft, die der Routinier ebenso ernst nimmt wie die schwierigsten Turniere im Ausland.

Rechts: Auszeichnung für Österreich und das Laxenburger CSIO. Deutschlands »goldener« Hans Günther Winkler ritt hier 1976 seinen 100. Nationenpreis (Pferd »Torphy«) und rettete damit der deutschen Equipe den Turniersieg und seiner Nation den begehrten Präsidenten-Cup der FEI vor Frankreich.

Oben: Das ist Österreichs derzeitige Nationenpreis-Mannschaft, der hier eben vom niederösterreichischen Landeshauptmann-Stellvertreter Hofrat S. Ludwig gratuliert wird. Hugo Simon, Boris Boor, Henk Hulzebos und Thomas Frühmann werden Österreich auch heuer bei den großen Turnieren repräsentieren.

Links: Die mehrfache österreichische Staatsmeisterin in der Dressur, Ines Badewitz, auf »Marquis«.

Rechts: Den Grundstein für die Entsendung nach Montreal legte das Team Frühmann (»Star Favorit«), Hulzebos (»D'Accord«), Simon (»Lavendel«) und Wassibauer (»Sulgrave«, v. l. n. r.) beim Luzerner CSIO '76. Der sensationelle 3. Rang im Nationenpreis qualifizierte die Mannschaft.

Unten: Noch waren die olympischen Ringe noch lange nicht von begeisterten jungen Kanadiern »bevölkert« (links), als Springreit-Referent Fridolin Schindler eine verlorene Wette einlösen mußte. Er hatte in Luzern vor dem Nationenpreis versprochen, im Falle einer Placierung der österreichischen Mannschaft unter den ersten drei Nationen (an sich keine risikoreiche Wette) einen Purzelbaum zu schlagen, wo immer es die Reiter wollten. Hugo Simon & Co. suchten dafür die schlammreichste Stelle auf dem Abreiteplatz aus, was dem begeisterten Equipe-Chef angesichts des dritten Ranges jedoch keine Rolle spielte.

Links: Montreal-Bromont. Schwerer Parcours auf tiefem Sandboden. Der nicht vollfite »Lavendel« kämpfte tapfer wie sein Reiter. Der Rang 5 unter der absoluten Weltspitze war angesichts der Umstände sicher ein Erfolg, aber leider reichte es einmal mehr für keine Medaille.

Unten, v. r. n. l.: Fast eine Pferdelänge breit war der Schlußoxer der gefürchteten Dreierkombination im Einzelspringen der Olympischen Spiele.
»Gute Sitte«, um eine horrende Summe in Belgien für die Spiele angekauft, fädelt ein. Eric Wauters und das Pferd kommen schwer zu Sturz, können allerdings später – wenn auch weit abgeschlagen – den Parcours beenden.

Der erste – und bisher letzte – Österreicher, dem bei Olympischen Spielen in einer Reitdisziplin eine Medaille gelang, war Oberst Alois Podhajsky (Berlin 1936, Bronze in der Dressurprüfung-Einzelwertung). Der langjährige Leiter der Spanischen Reitschule in Wien wurde bereits zu Lebzeiten zur Legende. Sein heldenhafter, letztlich erfolgreicher Kampf um die Erhaltung der Schule während der schweren Kriegsjahre machte den wohl bekanntesten Reiter Österreichs weltberühmt.
Bis zuletzt – auch nach seiner von ihm nie verstandenen Pensionierung – blieb Podhajsky dem geliebten Reitsport eng verbunden. Er lebt in seinen vielen Büchern weiter, die zur Basislektüre des Dressurreitens gehören.
Alois Podhajsky verkörperte eine der letzten großen Reiterpersönlichkeiten Österreichs, die unvergessen bleiben, auch wenn es immer weniger Leute geben wird, die ihn persönlich gekannt oder gar damit ausgezeichnet wurden, ihn einen Freund und Berater genannt haben zu dürfen.

Reiten in Österreich

Das folgende Kapitel ist das umfangreichste dieses Buches. Neben den großen Vereinen und Clubs, die dem Bundesfachverband für Reiten und Fahren in Österreich über die neun Landesfachverbände angehören, gibt es nämlich noch eine ganze Reihe privater Reitschulen und Pferdevermietungen, die man bisher meist nur durch Zufall aufgespürt hat.

Dieses Kapitel bedurfte einer fast einjährigen Vorbereitungszeit. Es wurden praktisch alle Adressen angeschrieben, an denen Reitsport in irgendeiner Weise betrieben wird. Aus mehrseitigen Fragebögen konnten wir dann die für den Leser interessanten Details ablesen. Das Ergebnis liegt hiermit vor.

Gewiß ist die folgende Aufstellung noch nicht komplett – keineswegs alle Betriebe haben die Fragebögen zurückgesandt –, aber dennoch wurde hier ein Stück Pionierarbeit geleistet. Bei kommenden Auflagen können die geänderten Preise, vielleicht auch neue Betriebe leicht korrigiert bzw. ergänzt werden.

Wo immer Sie in Österreich im nächsten Urlaub Lust zu reiten haben sollten – ein Blick auf die folgende Aufstellung, gereiht nach Bundesländern, wird Ihnen Aufschluß geben.

Wir wünschen einen guten Ritt!

WIEN

A-1020 Wien
Freudenau 555 **Reitverein Freudenau**
Telefon: (0222) 74 23 36
Ruhetag: Keiner
Besitzer: ASKÖ-Wien (Reitsportanlage)

17 Warmblutpferde – alle in Mitgliederbesitz – stehen derzeit im Reitverein Freudenau, dessen Jahresmitgliedsbeitrag S 2000,– beträgt (Jugendliche S 1400,–).
Reitstunde mit Lehrer: S 35,–.
Eine Reithalle 20 x 60 sowie ein ebenso großes Viereck.
Unterricht in Dressur und Springen bis Klasse L. Ganzjähriger Betrieb. Turnierveranstalter bis CHI.
Keine Einstellplätze frei.

Spezialität: Breitensport.
Auf dem Gelände stehen derzeit ca. 150 Pferde, hauptsächlich Privatreiter, aber außer dem RV Freudenau auch Reiter des RV St. Georg sowie der Österreichischen Campagnereiter-Gesellschaft und der Reitschulen Kottas, Weibold und Resch.

A-1030 Wien
Barmherzigengasse 17 **Wiener Reitinstitut**
Telefon: (0222) 73 16 52, 73 51 11, von 7–12 u. 16–20 Uhr
Ruhetag: Montag
Besitzer: Rudolf Meyer-Hiestand

In diesem größten Wiener Reitbetrieb stehen 50 Reitpferde deutscher, französischer und ungarischer Abstammung. Jedermann kann hier reiten oder es erlernen.
Die Reitstunde mit Lehrer kostet S 95,–, der Zehnerblock S 900,–.
Zur Verfügung steht eine große Reithalle 20 x 60. Die Lektionen in der Dressur und im Springen reichen bis zur höchsten Klasse S. Es werden kleinere Hausturniere auch für Schulkunden abgehalten.
Derzeit keine Privatboxen frei. Keine Koppeln, kein Voltigieren.
Prospektmaterial kostenlos. Rechtzeitige Voranmeldung Bedingung.

A-1220 Wien
Saltenstraße 436 **Reitschule Schlager**

Telefon: (0222) 22 18 255, am besten abends
Ruhetag: Montag
Besitzer: Friedrich Schlager

20 Warmblutpferde stehen auch Anfängern zur Verfügung. Der Zehnstundenblock kostet S 900,–.
Es gibt einen Reitplatz, ein Viereck 20 x 60 sowie etwa 6 km Geländestrecke.
Allgemeiner Unterricht im Geländereiten, Dressur und Springen bis Anforderungen der Klasse L. Möglichkeit zur Ablegung des österr. Reitsportabzeichens in Bronze.
Gästezimmer in der Nähe. Der Betrieb ist ganzjährig geöffnet. Reitzeiten von 10–16 bzw. 21 Uhr. Turniere der Klassen CHL und CHR werden veranstaltet.
Boxen für Privatpferde sind frei. Monatssatz: S 2500,–. Keine kurzfristige Einstellung (Urlaub) von Pferden möglich. Es wird nicht voltigiert.
Prospekte können kostenlos angefordert werden.

Spezialität: Geländeritte (auch mehrstündige), Fuchsjagden, Dressur, Springen usw.
Nächste Bahnstation: Wien-Stadlau.

NIEDERÖSTERREICH

A-3643 bei Aggsbach Markt (Wachau)	**Reitsport-Pension Hubhof**
Telefon:	(02712) 241
Ruhetag:	Keiner
Besitzer:	Leopold Hofbauer
	10 österreichische Haflingerpferde für jedermann. S 60,– pro Reitstunde mit Begleitung, S 500,– für Zehnerblock. Reitplatz und Viereck 20 x 40 vorhanden. Kinderreiten. 10 Gästezimmer im ganzjährig geöffneten Betrieb. Prospekte kostenlos. Voranmeldung eher günstig.
Nächste Bahnstation:	Aggsbach Markt oder Melk.

A-2302 Andlersdorf 18	**Reitstall Andlersdorf**
Telefon:	(02215) 35 502, am besten mittags 12–13 Uhr
Ruhetag:	Montag
Besitzer:	Oberstlt. a. D. Hans Berlin
	45 Turnierpferde stehen in diesem bekanntesten Turnierstall Niederösterreichs. Geritten wird hier demnach nur auf den eigenen Pferden. 2 ha großer Reitplatz, Reithalle 20 x 80, Viereck 20 x 80 sowie 20 x 40. Spezialunterricht für Reiter und Pferde. Dressur bis Klasse M, Springen bis Klasse S. Ganzjährig geöffnet. Noch Boxen frei: Monats-Vollpension pro Pferd S 3000,–. Besichtigung nach Voranmeldung. Bekannteste Reiter: Thomas Frühmann, Heinz Berlin.
Spezialität:	Turnierausbildung der Klassen A–S (Springen).

A-2500 Baden bei Wien Haidhofstraße 80	**Reitschule Kiebitzhof**
Telefon:	(02252) 49 314, von 8–12 u. 14–21 Uhr
Ruhetag:	Montag
Besitzer:	Erhard Grötzschel
	In Baden stehen derzeit 45 Privat- und Schulpferde; auf letzteren können auch Anfänger reiten.

Die Stunde mit Lehrer kostet S 110,–, der Zehnstundenblock S 750,– bis S 950,–. Ein Reitplatz inkl. 700-m-Galoppbahn, eine Halle 20 x 40, ein Viereck 20 x 60 sowie etwa 4 km Geländestrecken sind vorhanden. In diesem ganzjährig geöffneten Betrieb wird Reitunterricht in Dressur und Springen bis zur Klasse S erteilt (Abzeichen). Kinderreiten auf Kleinpferden möglich. In der Nähe des Reitstalles stehen 20 Gästezimmer zur Verfügung.
Die monatl. Pferde-Vollpension beträgt S 3600,–, desgleichen für vorübergehende Urlaubsarrangements.
Es wird voltigiert. Beitrag pro Kind und Stunde: S 15,–.
Prospekte kostenlos. Voranmeldung nicht nötig.

Spezialität: Einmal wöchentlich Reitausflüge über fünf bis sechs Stunden. Ausflüge über mehrere Tage in den Wienerwald oder Richtung Burgenland, wo bei befreundeten Clubs übernachtet wird. Okt./Nov. Parforcejagden hinter der Hundemeute (Jagdwoche mit 2 bis 3 Jagden).
Nächste Bahnstation: Baden.

A-2560 Berndorf
Kruppstraße 14 — **Reit- und Fahrverein Triestingtal**
Reitstall Lindenhof, Hernstein, Hinteraigen 33

Telefon: (02672) 26 57, 26 35, von 7–12 und nach 19 Uhr
Ruhetag: Montag
Besitzer: Hermann Nachtmann

18 Warmblutpferde verschiedener Abstammung.
Reitstunde mit Lehrer S 110,–, Zehnstundenblock S 1100,–.
Reitplatz, Reithalle 20 x 40, Viereck 20 x 40, etwa 50 km Gelände.
Unterricht in Dressur und Springen bis Anforderungen der Klasse S. Ca. 20 Gästezimmer in der Nähe.
Turnierveranstalter für CHL, CHR und CHN. Abnahme des österr. Reitsportabzeichens in Bronze. Ganzjähriger Betrieb.
Noch Boxen frei: S 2900,– Monatspension. Für Kurzurlaube S 3500,– monatl.
Voranmeldung unbedingt notwendig.

Spezialität: Dressur, Tagesritte usw.
Nächste Bahnstation: Berndorf-Stadt und Piesting.

A-2362 Biedermannsdorf
Ortsstraße 47 — **Reitschule Rohrhof**

Telefon: (02236) 61 74, am besten mittags oder abends
Ruhetag: Montag
Besitzer: Herbert Ernest, Reitschule Biedermannsdorf Ges. m. b. H.

Keine Angabe über Pferderassen bzw. Anzahl.
Reitstunde S 150,– inkl. Lehrer, S 1000,– der Zehnstundenblock.
Reitplatz, Halle 14 x 45, Viereck 20 x 40 sowie 850 m Geländestrecke. Kinderreiten auf Haflingern, keine freien Plätze für Privatpferde.
Voranmeldung ist Bedingung.

Nächste Bahnstation: Laxenburg.

A-2345 Brunn am Gebirge
Anton-Wildgans-Gasse 16 — **Reitschule Brunner Heide**

Telefon: (02236) 83 35 03, am besten von 8–12 Uhr
Ruhetag: Montag
Besitzer: Ing. Franz Hanusch

8 verschiedene Reitpferde stehen hier fortgeschrittenen Reitern, aber auch Anfängern für S 870,– (10 Stunden inkl. Lehrer) zur Verfügung.
3 Reitvierecke und eine kleine Halle (12 x 25) sowie Unterricht in den Grundfiguren der Dressur. Kinderreiten ab 10 Jahren.
Voranmeldung unbedingt nötig.

Nächste Bahnstation: Brunn/Maria Enzersdorf.

A-2232 Deutsch-Wagram
Aderklaa 35 — **Reitclub Crazy Horses**

Telefon: (02247) 615, von 8–10 und ab 16 Uhr
Ruhetag: Keiner
Besitzer: Reitclub

15 Warmblutpferde verschiedener Rassen.
S 70,– pro Reitstunde ohne Lehrer, Zehnstundenblock: S 600,–.
Ein Reitviereck 20 x 40 und praktisch unbegrenzte Geländestrecken.
Unterricht wird erteilt in Dressur bis Klasse L, in Springen bis Klasse LM.
Möglichkeit zur Ablegung des österr. Reitsportabzeichens.
Es gibt Kinderreiten auf Haflingern.
In Deutsch-Wagram und Raasdorf sind Gästezimmer vorhanden.
Privatpferde kosten S 2000,– pro Monat (Stand), S 2500,– (Box).
Prospekte kostenlos. Voranmeldung Bedingung.

Spezialität: Mehrstündige Ausritte und Kutschenfahrten mit anschließendem Lagerfeuer.
Nächste Bahnstation: Süßenbrunn oder Deutsch-Wagram.

A-2484 Ebreichsdorf-
Weigelsdorf — **Ländlicher Reitverein »Prinz Eugen«**

Telefon: (02254) 358, 213, am besten ab 19 Uhr
Ruhetag: Keiner
Besitzer: Verein

6 Reitpferde (Warmblut und Haflinger), auch für Anfänger.
S 80,– die Reitstunde ohne, S 125,– mit Lehrer, S 540,– der Zehnstundenblock, S 60,– Kinderreitstunde.
Ein Reitplatz, Viereck 20 x 40, ca. 20 km Geländereitwege.
Kinderreiten auf Haflingern. In der Nähe 15–20 Gästezimmer. Ganzjähriger Betrieb – auch mit Kutschenfahrten.
Noch Platz für Privatpferde: im Stand: S 2000,– monatl., Box: S 2500,–, ebenso kurzfristig.
Voranmeldung eher günstig.

Spezialität: Kinderreiten sowie Ferienreitkurse für Anfänger und mäßig Fortgeschrittene. Geländeritte mit Zielen im Burgenland. Fuchsjagden, Spazierritte usw.

Nächste Bahnstation: Weigelsdorf/Fischa.

A-3032 Eichgraben **Ländlicher Reit- und Fahrverein Eichgraben**

Telefon: (02773) 63 42, am besten morgens

Ruhetag: Keiner

Besitzer: Friedrich Semeleder

Nach dem tragischen Tod der seinerzeitigen Besitzerin, der bekannten österr. Militaryreiterin Editha Semeleder, wurde der Betrieb weitgehend umgestellt.
Auf dem Reitplatz, der 32 x 18-Reithalle sowie dem 20 x 60-Viereck wird derzeit vor allem Dressurunterricht gegeben, dies jedoch bis zur Klasse M.
Wert gelegt wird vor allem auf Privatpferde, deren monatl. Pensionskosten S 3300,– betragen. Der Reitlehrer (Spanische Reitschule) ist gesondert zu verrechnen.
Die kurzfristige Einstellung von Privatpferden ist zu obigen Bedingungen möglich.
Voranmeldung unbedingt nötig.

Nächste Bahnstation: Eichgraben.

A-2431 Enzersdorf a. d. Fischa
Goldgasse 32 **Reitstall Krendl**

Telefon: (02230) 758

Ruhetag: Montag

Besitzer: Franz Krendl

8 Reitpferde (Warm- und Kaltblut) stehen hier jedermann zum Bereiten offen.
S 80,– pro Stunde mit Lehrer. Der Zehnstundenblock kostet S 700,–.
Ein Reitviereck 40 x 60, etwa 10 km Geländereitwege.
Unterricht im Reiten (Gelände) sowie Longieren, auch von Kindern. Ganzjähriger Betrieb.
Unbedingt Voranmeldung.

Spezialität: Geländereiten, Ausritte, Fuchsjagd.

Nächste Bahnstation: Fischamend.

A-2551 Enzesfeld **Reitstall im Country-Club Enzesfeld**

Telefon: (02256) 26 84

Ruhetag: Montag

Besitzer: Heinz Fürth

20 Reitpferde verschiedener Abstammung. Vorwiegend Einstellplätze für Privatpferde. Nur fortgeschrittene Reiter werden berücksichtigt.
Reitstunde mit Lehrer: S 200,–.
Reitplatz, Reithalle 18 x 36, Viereck 20 x 60, 5 km Geländestrecke. Ganzjähriger Betrieb.

Boxen frei: S 3800,– Monatspension.
Eigene Prospekte. Voranmeldung unbedingt notwendig.

Spezialität: Gelände im Ausmaß von 500 ha mit festen Sprüngen. Clubmitgliedschaft im Country-Club für Reiter günstiger.

Nächste Bahnstation: Enzesfeld.

A-2230 Gänserndorf-Süd
Grenzstraße 109 **Reitergut Straßhof**
Telefon: (02282) 72 16
Ruhetag: Montag
Besitzer: Dr. Ch. und Ch. Hofer

20 Reitpferde der Rassen Haflinger (auch mit Arabereinkreuzung) sowie Lipizzaner stehen jedermann zur Verfügung.
Die Reitstunde kostet – mit oder ohne Lehrer – S 80,–, der Zehnstundenblock S 750,–.
Der Betrieb verfügt über einen Reitplatz, eine Halle 20x40, ein Viereck 20x60 sowie über ca. 40 km Geländestrecken.
Unterricht wird im Gelände sowie in der Dressur und im Springen (Klasse A) erteilt (österr. Reitsportabzeichen).
Kinderreiten auf zwei Islandponys möglich. 22 Gästezimmer in diesem ganzjährig geöffneten Reitergut in Gänserndorf. Auch kleinere Turniere werden veranstaltet.
Noch Platz für Privatpferde, für die monatl. S 2000,– verrechnet werden. Das gleiche gilt auch für Urlaubsaufenthalte mit dem eigenen Pferd.
Keine eigenen Prospekte. Rechtzeitige Voranmeldung ist eher günstig.

Spezialität: Tagesritte im Marchfeld. Auch Kutschen- oder Schlittenfahrten können organisiert werden.

Nächste Bahnstation: Schnellbahn Straßhof.

A-3571 Gars am Kamp
Babenbergerstraße **Reit- und Fahrverein Gars am Kamp**
Telefon: Keines
Ruhetag: Montag
Besitzer: Verein

9 Reitpferde, davon zwei Vollblüter, Rest Warmblut. Jedermann kann für S 70,– pro Stunde reiten.
Ein Reitplatz, eine kleine Halle, ein Viereck 20x40 sowie 10–30 km Geländestrecken.
Unterricht bis Dressur der Klasse A. Kinderreiten auf Haflingern möglich.
Genügend Gästezimmer in der Nähe. Ganzjähriger Betrieb.
Platz für Privatpferde: S 2000,– monatl., kurzzeitig: S 3000,– monatl.
Schriftliche Voranmeldung unbedingt nötig.

Spezialität: Tagesritte, Fuchsjagden.

Nächste Bahnstation: Gars/Thunau.

A-2640 Gloggnitz-Enzenreith
Kranichbergerstraße 39 — **Gloggnitzer Reitverein**

Telefon: (02662) 22 73 (Vereinslokal Gasthof Aigner),
(02662) 28 26 (Obmann: Othmar Haider)
Ruhetag: Montag
Besitzer: Gemeinnütziger Reitverein

5 Schulpferde (österreichisches Warmblut) stehen auch Anfängern zur Verfügung.
Eine Reitstunde mit Lehrer S 100,–, Zehnerblock S 950,–.
Es gibt einen Reitplatz, eine Reithalle 15 x 30, ein Reitviereck 20 x 40 sowie 10–20 km Geländereitwege.
Der Unterrichtsrahmen geht in allen Sparten bis zur Klasse L. Österr. Reitsportabzeichen in Bronze wird abgenommen.
Ganzjähriger Betrieb, Gästezimmer im Ort.
Turniere der Klassen CHL und CHR werden jährlich veranstaltet.
Günstigste Einstellmöglichkeiten für Privatpferde! Die Monatspension: S 1750,– (Boxen), S 1250,– (Stände). Für kurzfristige Pension: S 2100,–.
Rechtzeitige Anmeldung in den Monaten Juli/August ist nötig.

Spezialität: Mehrstündige Ausritte, Spazierritte.
Nächste Bahnstation: Gloggnitz.

A-2371 Hinterbrühl
Gaadner Straße 84 — **Reitstall Höldrichsmühle**

Telefon: (02236) 62 74, 68 32
Ruhetag: Keiner
Besitzer: Ernst Moser Ges. m. b. H.

10 Reitpferde (Hannoveraner, Trakehner und österreichisches Warmblut). Jedermann, auch Anfänger, kann hier reiten.
S 110,– pro Reitstunde mit Lehrer, S 1000,– Zehnerblock.
Reitplatz, Reithalle 20 x 40, Viereck 20 x 40, 20 km Geländewege.
Unterricht in der Dressur bis zur Klasse L. 16 Gästezimmer.
Noch Platz für Privatpferde: Die Box plus Pension kostet S 4000,– im Monat, desgleichen die kurzfristige Einstellung eines Pferdes im Urlaub.
Prospekte kostenlos. Voranmeldung eher günstig.

Nächste Bahnstation: Mödling.

A-2651 Hirschwang a. d. Rax 10 — **Reitsportclub Buchau**

Telefon: (02666) 398 (Frau Richter), ganztägig
Ruhetag: Montag (wenn kein Feiertag)
Besitzer: Reitsportclub Buchau

14 Reitpferde (englischer, französischer, hannoveranischer, holsteinischer sowie ungarischer Abstammung) stehen hier jedermann zur Verfügung.
Kosten: S 110,– pro Reitstunde mit Lehrer, S 900,– der Zehnstundenblock, S 600,– pro Ganztagesritt, S 50,– pro Stunde Wagenausfahrt und Person.

Ein Reitplatz, eine Halle 20x45, ein Viereck 20x60 sowie etwa 7 km Reitwege in der Umgebung des Clubs.
Unterricht im Gelände, in der Dressur bis Klasse M, im Springen bis zur Klasse S. Österr. Reitsportabzeichen.
15 Gästezimmer in unmittelbarer Nähe. Im ganzjährig geöffneten Club werden auch Kutschenfahrten organisiert. Turniere CHL.
Noch Platz für Privatpferde: S 1700,– (Stand), S 2500,– (Box), desgleichen für vorübergehende Urlaubsaufenthalte und Koppelpausen.
Kinder können voltigieren: S 80,– pro Stunde.
Prospekte kostenlos. Voranmeldung unbedingt nötig.

Spezialität: Ganztagesritte, Zeltlager für Jugendliche von 8–16 Jahren, Vielseitigkeitskurse sowie Sonderkurse zur Erlangung des österr. Reitsportabzeichens in Bronze.
Nächste Bahnstation: Payerbach-Reichenau.

A-2020 Hollabrunn
Sparkassegasse 32 **Ländlicher Reitclub Blau-Weiß**
Telefon: (02952) 26 11
Ruhetag: Keiner
Besitzer: Reitclub

18 Reitpferde ausschließlich für eingetragene Mitglieder.
Ein Reitplatz. Unterricht im Gelände sowie in der Dressur bis Klasse L. Ganzjähriger Betrieb.
Pensionspferde werden vorübergehend aufgenommen.

A-3171 Kleinzell
bei Hainfeld 36 **Haus Sonnleiten – Reitschule**
Telefon: Keines
Ruhetag: Dienstag
Besitzer: Ing. Johann Keiblinger

6 österreichische Warmblutpferde, auch für Anfänger.
S 80,– pro Reitstunde mit Lehrer, S 700,– der Zehnstundenblock.
Reithalle (14x40) im Bau. Viereck 20x40 sowie bis zu 30 km geländemäßige Reitwege.
Unterricht in Dressur (Klasse L) und Springen (Klasse A). Kinderreiten auf Haflingern. 8 eigene Gästezimmer.
Noch Stände frei: S 2000,– monatl., desgleichen für Urlaubsaufenthalte. Günstiger Koppelaufenthalt für die Turnierpause: S 800,– monatl.
Eigene Prospekte kostenlos. Voranmeldung nicht Bedingung, jedoch eher günstig.

Spezialität: Mehrstündige bis mehrtägige Ausritte in hübschem Gelände. Gründliche Ausbildung in Theorie und Praxis. Reitkurse für Anfänger und Fortgeschrittene mit Vollpensionsaufenthalt.
Nächste Bahnstation: Hainfeld.

A-3400 Klosterneuburg
Strandbadgasse 4–6 — **Reitschule St. Leopold**

Telefon: (02243) 74 92, am besten von 8–12 und 16–20 Uhr
Ruhetag: Montag
Besitzer: St. Leopold-Ges. m. b. H.

53 Warmblutpferde stehen in diesem modernen Großbetrieb, wo jeder reiten und auch den Reitsport erlernen kann.
S 110,– pro Reitstunde mit Lehrer, S 950,– für den Zehnstundenblock.
Reitplatz, Reithalle 20 x 40, Viereck 25 x 40 und etwa 20 km Geländereitwege.
Unterricht auf den Schulpferden im Springen und in der Dressur (Klasse A). Abnahme des österr. Reitsportabzeichens. Genügend Gästezimmer in der Nähe.
Boxen fallweise frei. Monatspension: S 3600,–.
Voranmeldung ist unbedingt nötig.

Spezialität: »Fullservice«. Erstklassige Anlagen mit Sauna, Schwimmbad und Espresso.
Nächste Bahnstation: Klosterneuburg-Weidling.

A-2122 Kronberg
bei Wolkersdorf — **Reitstall und Countryclub Kronberghof**

Telefon: (02245) 80 204, 80 297, am besten zwischen 12 und 14 Uhr
Ruhetag: Montag. Für Restaurant: Montag und Dienstag
Besitzer: J. u. B. Grossauer

24 Reitpferde verschiedener Rassen (Hannoveraner, Holsteiner, Halbblut, Araber, Trakehner usw.).
Hier kann praktisch jedermann reiten – Anfänger, aber auch Fortgeschrittene.
Die Reitstunde mit Lehrer kostet derzeit S 125,–, der Zehnerblock (nur für Countryclubmitglieder S 1000,–. Der jährliche Mitgliedsbeitrag im Countryclub beträgt S 1200,–.
Neben einem Reitplatz gibt es ein 20 x 40-Viereck und eine ebenso große Reithalle. Die Geländestrecken sind etwa 5 km lang.
Unterricht wird im Gelände erteilt sowie im Dressurreiten bis Klasse L (Schulpferde) und Springen der Klasse A (Schulpferde). Die Abnahme des österr. Reitsportabzeichens in Bronze findet immer wieder statt.
Der Betrieb verfügt über 11 Gästezimmer und ist ganzjährig geöffnet. Als Turnierveranstalter legt man hier Schwergewicht auf CCR, also Vielseitigkeitsturniere.
Privatboxen sind frei. Monatssatz: S 3500,–, das gleiche gilt für kurzfristig eingestellte Pensionspferde. Keine Koppeln. Voltigieren ist für Kinder möglich.

Spezialität: Fuchsjagd alljährlich Okt./Nov. Kinder- und Jugendreitkurse in den Energieferien sowie Juli/August. Spezialbetreuung für Jugendliche und Junioren mit Turnierambition. Contryclub: Verbilligte Reitstunden, Schwimmbad, Sauna usw.
Nächste Bahnstation: Schleinbach.

A-3504 Krems-Stein 109
(Unterbergern 76) — **Reitstall Pülnhof**

Telefon: (02732) 26 47
Ruhetag: Keiner
Besitzer: Architekt Dipl.-Ing. Albert Gattermann

13 Reitpferde irländischer, polnischer, ungarischer, deutscher sowie österreichischer Abstammung, durchwegs in Privatbesitz. Reiten nur für eingetragene Mitglieder.
Einzelunterricht auf eigenem Pferd S 100,– pro Stunde, Longestunde S 100,–.
Reitplatz, Reithalle 20 x 40, Viereck 20 x 60, 8 ha Eigengrund. Unterricht in Dressur und Springen bis zur Klasse M. Das österr. Reitsportabzeichen wird abgenommen. 10 Gästezimmer in der Nähe.
Boxen noch frei: S 2700,– Monatspension. Für Urlauber mit Pferd: S 3000,–.

Spezialität: Ausbildung von Pferden bis zur Turnierreife, desgleichen der zugehörigen Reiter. Kein Schulbetrieb! Ausschließlich Einzelausbildung und ebensolcher Unterricht. Weitläufige Koppeln und hervorragendes Klima.
Nächste Bahnstation: Stein-Mautern oder Krems.

A-2381 Laab im Walde — **Reitschule Krausgruber**
Karl-Schindler-Gasse 3 — **Reitclub St. Koloman**
Telefon: (02239) 22 92, am besten erreichbar: 7–12, 14–20 Uhr
Ruhetag: Sonntag nachmittag und Montag
Besitzer: Josef Krausgruber

72 Privatpferde und Schulpferde stehen hier, in einem der großen niederösterreichischen Reitbetriebe, zur Verfügung.
Zehnstundenblock: S 1000,–.
Es gibt eine Reithalle 20 x 40, ein Viereck 20 x 40 sowie 20 x 60 und etwa 30 km Geländestrecken.
Unterricht in Dressur und Springen bis jeweils zur Klasse S.
Kinderreiten auf Schulpferden. Ganzjährig geöffnet.
Turnierveranstalter auch internationaler Veranstaltungen.
Kurzeinsteller werden noch aufgenommen: S 3500,– monatl. Voltigieren für Kinder: S 20,– pro Stunde.
Voranmeldung unbedingt nötig.

Spezialität: Internationale Turniere.
Nächste Bahnstation: Liesing bzw. Preßbaum.

A-2291 Lassee
Hauptstraße 45 — **Pferdezentrum Lassee**
Telefon: (02213) 258, ganztägig
Ruhetag: Montag
Besitzer: Pferdezentrum Lassee Ges. m. b. H.

Kombination von Reitstall und Reitverein, in dem 15 Pferde verschiedener Rassen nur fortgeschrittenen Reitern zur Verfügung stehen.
Ein Reitplatz und eine Reithalle 20 x 60 sowie ein großes Reitgeviert 100 x 200 und 20 km Geländereitwege vervollständigen diesen Reitbetrieb.
Unterricht in Dressur bis Klasse M und Springen bis Klasse S. Genügend Gästezimmer in der Nähe. Ganzjährig geöffnet.
Noch Boxen für Privatpferde frei. Monatspension und Box: S 3200,–, für Kurzeinsteller: S 3000,–, Koppelaufenthalte: S 2500,– monatl.
Voranmeldung unbedingt notwendig.

Spezialität: Ausbildung von Turnierreitern, speziell im Springen bis zu den Klassen M und S.
Nächste Bahnstation: Lassee.

A-2361 Laxenburg
Münchendorfer Straße 3–5 **Union Reitclub Laxenburg**
Telefon: (02236) 74 08
Ruhetag: Montag (außer Feiertag)
Besitzer: Clubverband

40 Pferde verschiedener Abstammung, davon 8 Schulpferde. Die tägliche Reitstunde inkl. Reitlehrer ist im Monatsmitgliedsbeitrag von S 990,– inbegriffen. Reiten nur für Mitglieder. Jahresverpflichtung.
Moderne Clubräume, 3 Reitvierecke 20 x 40 und 20 x 60, Reithalle 22 x 70, Reitplätze und eigenes Reitareal (ca. 15 ha) im gesamten Laxenburger Schloßpark. Eigener Turniertransporter.
Unterricht in Dressur bis Klasse S, im Springen bis Klasse M. 2 Voltigiergruppen (Monatsbeitrag S 300,–). Permanente Abnahme des österr. Reitsportabzeichens.
Schriftliche Voranmeldung für Aufnahme sowie mögliche Einstellung von Privatpferden. Monatssatz: S 2750,– (ohne Futterbeschränkung). Ausbildung von Remonten bis Anforderungen der Klassen M und S.
Derzeit Wartezeiten für Aufnahme von Reitern und Pferden (Warteliste chronologisch gereiht).
Turnierveranstalter von Österr. CSIO-Laxenburg und EM 77.
Rechtzeitige Voranmeldung für eine Mitgliedschaft einzige Möglichkeit der Aufnahme.

Spezialität: Tagesritte, auch im Burgenland, Eintages-Vielseitigkeitsprüfungen, Hallenturniere, Fuchsjagden, Turnierbeteiligung auf Schulpferden ohne Aufpreis, unkontrolliertes Ausreiten aller erwachsenen Clubmitglieder, da dieselben ja Pferdemitbesitzer.
Nächste Bahnstation: Laxenburg. Autobusverbindung von Wien.

A-2333 Leopoldsdorf bei Wien
Schloßgasse 2, 1. Einfahrt **Erstes österreichisches Reit- und Fahrpatronat »Prinz Eugen«**
Telefon: (02235) 77 29, täglich von 20 bis 20 Uhr 30
Ruhetag: Montag
Besitzer: Verein wie oben, Patronatsbetrieb

12 Reitpferde (ungarisches und österreichisches Warmblut usw.) stehen hier – unter gewissen Voraussetzungen – jedermann zur Verfügung.
Monatl. Patronatsgebühr inkl. Mehrwertsteuer S 648,– zuzügl. Wertsicherungsbetrag.
Reitplatz, Reithalle 12 x 40, Viereck 18 x 44 sowie etwa 10 km Geländestrecken.
Unterricht in Dressur (LM) und Springen (L). Ganzjähriger Betrieb.
Noch Boxen frei: S 2124,– monatl.
Eigene Prospekte. Voranmeldung unbedingt nötig.

Nächste Bahnstation: Wien-Südbahnhof.

A-2285 Leopoldsdorf im Marchfelde
Hauptstraße 31 — **Reitclub St. Markus**

Telefon: (02216) 208
Ruhetag: Montag
Besitzer: Verein

12 Reitpferde (Lipizzaner, englisches Vollblut, österreichisches Warmblut) nur für Mitglieder des Clubs. Nur Privatpferdebesitzer. Jeder Einsteller bezahlt Vollpension sowie den Reitlehrer, mit dem ein eigenes Abkommen getroffen wird.
Reitplatz, Reithalle 18 x 36, Viereck 20 x 60. An sich kein vorgeplanter Unterricht.
Noch Boxen frei: S 2800,– monatl.

Spezialität: Dressurreiten.
Nächste Bahnstation: Leopoldsdorf im Marchfelde.

A-2294 Marchegg — **Reitervereinigung Markhof**

Telefon: (02285) 31 506
Ruhetag: Montag
Besitzer: Vera Armstrong

Auf den 35 Reitpferden englischer, ungarischer und österreichischer Abstammung dürfen nur Clubmitglieder reiten.
Zur Verfügung stehen ein Reitplatz, eine Halle 20 x 40, ein Reitviereck 20 x 100 sowie große Geländestrecken.
Unterricht in Dressur und Springen bis zur Klasse S. Österr. Reitsportabzeichen.
Betrieb ganzjährig. Turnierveranstalter der Klassen: CHL/CHR und CHN.
Noch Platz für Privatpferde: S 3450,– monatl., ebenso für Kurzaufenthalte. Der Betrieb hat 6 Gästezimmer.
Rechtzeitige Voranmeldung unbedingt nötig.

Nächste Bahnstation: Marchegg.

A-3034 Maria Anzbach — **Reitschule Tannenhof**

Telefon: (02772) 21 48 (Anrufbeantworter)
Ruhetag: Montag
Besitzer: Ing. Norbert Wisgrill

Derzeit 8 Reitpferde (Hannoveraner, österreichisches Warmblut, englisches Vollblut). Allen Reitinteressierten steht dieser Reitstall offen.
Kosten: S 110,– pro Reitstunde inkl. Lehrer, S 980,– pro Zehnstundenblock, S 880,– für Clubmitglieder, S 1080,– für Zehnerblock (Longe).
Ein Reitplatz, eine Halle 15 x 30, ein Reitviereck 20 x 40 und etwa 50 km Geländestrecken.
Unterricht im allgemeinen sowie in der Dressur bis Klasse M. Kinderreiten auf braven Warmblutpferden. 10 Doppelzimmer in der Nähe.
Privatpferde werden aufgenommen (S 3000,– pro Monat), auch für Urlaubs- und Koppelaufenthalte. Große Koppeln, tägl. Weidegang.
Voranmeldung unbedingt nötig.

Spezialität: Seriöse Ausbildung mit Schwergewicht Dressur. Mehrstündige Ausritte, Tagesritte mit Grillpicknick. Im Winter Vollmondritte bei Nacht.
Nächste Bahnstation: Hofstatt.

A-2326 Maria Lanzendorf
Mühlgasse 6 **Reitstall Knopfhart**
Telefon: (02236) 72 72, am besten von 6–7, 14–15, 19–21 Uhr
Ruhetag: Montag
Besitzer: Gertrud Knopfhart, 2361 Laxenburg, Jägergasse 2

Hier ist das Reiten nur auf Privatpferden möglich – und dies nur für fortgeschrittene Reiter. Schwergewicht Dressur. Unterricht nach Vereinbarung.
Reitplatz, Halle 13x40, Viereck 20x60. Dressurunterricht bis zum Grand Prix de Dressage.
Einige Gästezimmer in der Nähe. Ganzjähriger Betrieb von 7–18 Uhr. Preis pro Box und Monatspension: S 3500,–. Derzeit kein freier Platz.
Voranmeldung unbedingt nötig.

Spezialität: Die dressurmäßige Ausbildung bzw. Förderung von Pferden und Reitern in allen Klassen bis zu den Anforderungen des Grand Prix.
Nächste Bahnstation: Maria Lanzendorf.

A-3182 Marktl **Reitergruppe Traisental**
Telefon: (02762) 21 01, 21 02
Ruhetag: Keiner
Besitzer: D. I. Peter Gruber

4 Reitpferde nur für eingetragene Mitglieder.
Reitplatz, Viereck 20x60, 30 km Geländestrecke.
Kein Unterricht. Ganzjährig geöffnet.

Nächste Bahnstation: Lilienfeld.

A-2751 Matzendorf-
Hölles 15 **Reiterhof Linsbichler**
Telefon: (02628) 24 55 06
Ruhetag: Montag
Besitzer: H. Linsbichler

8 Reitpferde (Lipizzaner, polnische Trakehner, Warmblut, Holländer) für fortgeschrittene Reiter und Anfänger.
S 90,– pro Reitstunde mit Lehrer, S 750,– der Zehnstundenblock.
Ein Longierplatz, ein Viereck 20x40, ein Sprunggarten.
Unterricht in der Dressur bis Klasse L/M und Springen Klasse L. Abnahme des österr. Reitsportabzeichens. Auch Kinderreiten.
Kutschenfahrten werden organisiert. Turnierveranstalter: CHL.
Noch Platz für Privatpferde, monatl. S 3600,– (Box).
Eigener Prospekt kostenlos. Voranmeldung eher günstig.

Spezialität: Reiterausbildung bis zum österr. Reitsportabzeichen.
Nächste Bahnstation: Matzendorf, Leobersdorf.

A-2872 Mönichkirchen 86 — **Reitstall Berggasthof Mönichkirchner Schwaig**

Telefon: (02649) 295
Ruhetag: Keiner
Besitzer: Franz und Marianne Stern

4 Reitpferde (1 Haflinger, 1 Islandpferd, 2 Shetlandponys) ausschließlich für Kinder. Reitplatz und Geländestrecken.
Reitstunde mit Lehrer S 60,–.
8 eigene Gästezimmer und 20 Lagerplätze. Betrieb von Ende Juni bis Ende Oktober.
Koppelaufenthalt: S 600,– monatl. (von Juni bis September).
Voranmeldung eher günstig.

Spezialität: Höchstgelegene Kinderreitschule in Höhenluftkurort (1230 m Seehöhe). Ausgesprochen kinderfreundliche Pferde. Hier soll Großstadtkindern, auch Anfängern, das Reiten beigebracht und in ihnen das Verständnis für Pferde erweckt werden.
Nächste Bahnstation: Mönichkirchen.

A-2116 Niederleis 1 — **Pferdevermietung Schloß Niederleis**

Telefon: (02576) 35 92, 12–13 und abends bis 23 Uhr
Ruhetag: Montag (wenn dieser Feiertag, dann Dienstag)
Besitzer: Irene Schaffgotsch

5 Islandpferde für jedermann.
S 60,– pro Reitstunde, S 560,– für den Zehnstundenblock.
Großer Reitplatz. Kinderreiten. 3 Gästezimmer bis Anfang November. Reitbetrieb jedoch ganzjährig.
Voranmeldung unbedingt notwendig.

Spezialität: Mehrstündige Ausritte, Ritte im großen Schloßpark. Gute Unterbringung der Gäste im Schloß.
Nächste Bahnstation: Niederleis.

A-2091 Ober-Höflein 1 — **Höfleinerhof**

Telefon: (09112) 354 (Bürgermeister Kluka), ganztägig erreichbar
Ruhetag: Keiner
Besitzer: Brigitte Fuchs u. Eduard Oertel

4 Warmblut-Reitpferde für fortgeschrittene Reiter, aber auch für Anfänger geeignet.
S 75,– für die Reitstunde mit Lehrer, S 700,– für den Zehnstundenblock.
Ein Reitplatz, ein Viereck 20 x 40 und ca. 60 km Geländestrecken.
Unterricht in Dressur bis Klasse LM, im Springen bis Klasse L. Österr. Reitsportabzeichen in Bronze.
4 Gästezimmer im Betrieb. Kein Turnierveranstalter.
Monatspension für das Privatpferd: im Stand S 1900,–, in der Box S 2300,–. Zum gleichen Satz sind auch Urlaubs- und Koppelarrangements möglich.
Prospekte kostenlos. Voranmeldung eher günstig.

Spezialität: Gediegener, individueller Reitunterricht. Familiärer Anschluß, gemütliche Atmosphäre, kein Massenbetrieb, in einer waldreichen, noch ziemlich unberührten Landschaft. Ausritte.
Nächste Bahnstation: Ober-Höflein (700 m entfernt).

A-3342 Opponitz
Thann 1 **Reitsportzentrum Ybbstal**
Telefon: (07442) 22 55 90 bzw. (07444) 290
Ruhetag: Keiner
Besitzer: Gerda Krieger, Ybbstaler Reitclub

19 Reitpferde (Warmblut, Haflinger), auf denen Clubmitglieder, aber auch Reitgäste (Anfänger) reiten können.
Kosten: S 80,– pro Reitstunde in Begleitung, S 90,– pro Reitstunde mit Lehrer, S 750,– Zehnstundenblock. Ab Siebentagekurs Pauschalverbilligung.
Zur Verfügung stehen: ein Reitplatz, eine Reithalle 20 x 40 sowie ein Viereck.
Unterricht wird bis zur Klasse L in Dressur und Springen erteilt. Österr. Reitsportabzeichen. Kinderreiten auf Haflingern. 4 Gästezimmer im Reitsportzentrum, weitere 50 in der Nähe. Kutschenfahrten können gebucht werden.
Turnierveranstalter von CHL-Vergleichsturnieren.
Boxen sind noch frei – Preis auf Anfrage, desgleichen für Urlaube mit dem eigenen Pferd.
Prospekte kostenlos. Voranmeldung unbedingt nötig.

Spezialität: Mehrstündige Ausritte zu Bauernhöfen mit Bauernjause. 5 Kutschen, 3 Schlitten für Ausfahrten. Gemütliche rustikale Atmosphäre.
Nächste Bahnstation: Opponitz.

A-2163 Ottenthal
Gutenbrunn 9 **Staatliche Hengstenstation Gutenbrunn**
Telefon: (02554) 249
Ruhetag: Keiner
Besitzer: Rudolf Exler

4 Reitpferde (Trakehner, Haflinger) für Anfänger und fortgeschrittene Reiter.
S 100,– pro Reitstunde ohne Lehrer, Zehnstundenblock S 800,–.
Reitplatz, Reithalle 12 x 20, Viereck 40 x 40 sowie etwa 15 km Geländestrecken sind vorhanden.
Kinderreiten auf ruhigen Pferden. Ebenso Wagen- und Schlittenfahrten.
Pferdepension monatl. S 1800,–.
Auch Urlaubs- und Koppelaufenthalt zu gleichen Bedingungen.
Unbedingt Voranmeldung.

Spezialität: Geländeritte unter Aufsicht in den Wäldern. Der umgebaute Bauernhof ist auch Deckstation.

A-2486 Pottendorf-Landegg
Burgenlandstraße 13 **Reitstall Stollenbachhof**
Telefon: Fa. G. u. E. Polak, Wien (0222) 83 12 38
Ruhetag: Montag
Besitzer: Erwin u. Gerhard Polak, 1150 Wien, Arnsteingasse 17

Derzeit stehen hier 18 Warmblüter, durchwegs Privatpferde, die zum Monatssatz von S 3300,– eingestellt sind.
Es gibt einen Reitplatz, eine neue Halle 20 x 40, ein Viereck 20 x 60 sowie weitläufige Geländestrecken.
Unterricht in Dressur und Springen. Turnierveranstalter der Klassen CHL und CHR. Ganzjährig geöffnet.
Noch Boxen mit Pferdevollpension zum obigen Satz frei.
Voranmeldung für Besichtigung unbedingt nötig.

Spezialität: Korrekte Ausbildung von Reiter und Pferd in Dressur, Springen und Vielseitigkeit. Jede Trainingsmöglichkeit gegeben.
Nächste Bahnstation: Pottendorf.

A-2734 Puchberg a. Schneeb.
Schneebergstraße 120 **Reitstall Zwinz**
Telefon: (02636) 24 67
Ruhetag: Montag
Besitzer: Franz Zwinz

15 Reitpferde (Warmblut und Haflinger) für jedermann.
S 60,– Reitstunde ohne, S 80,– mit Lehrer.
Reitplatz, Halle 20 x 40, Viereck 40 x 80, Geländestrecken ca. 40 km.
Unterricht in Dressur und Springen bis zur Klasse A.
Kinderreiten auf Haflingern. Ganzjähriger Betrieb. Gästezimmer in der Nähe. CHL-Turniere.
Noch Einstellplätze frei. S 1500,– monatl., desgleichen für Urlaubsaufenthalte mit Pferden und Koppel.
Voranmeldung eher günstig.

Spezialität: Halbtagesritte (S 200,–). Erleichterte A-Springen bei Reitertreffen und Ausrichten von Fuchsjagden.
Nächste Bahnstation: Puchberg am Schneeberg.

A-3820 Raabs
an der Thaya **Reiterpension Liebnitzmühle**
Telefon: (2846) 432 bzw. (0222) 73 38 024, ganztägig
Ruhetag: Keiner
Besitzer: Otto Dimmel

Reiten für jedermann auf 28 Reitpferden der Rassen Trakehner, Araber, Furioso usw.
S 65,– pro Reitstunde ohne, S 75,– mit Lehrer, der Zehnstundenblock S 600,–, die Springstunde S 150,–.
Zur Verfügung stehen ein Reitplatz, eine Halle 20 x 40, ein Viereck 20 x 60, etwa 8 km Geländereitwege.
Unterricht in der Klasse A (Dressur und Springen). Abnahme des österr. Reitsportabzeichens. 30 eigene Gästezimmer, jede Menge weiterer in unmittelbarer Nähe. Der Betrieb läuft ganzjährig. CHL-Veranstalter.
Noch freie Stände (S 2500,–) und Boxen (S 3000,–). Auch kurzfristige Einstellung (Urlaube) möglich: S 2500,– Monatspension.
Eigenes Prospektmaterial. Voranmeldung eher günstig.

Spezialität:	Ausritte in die herrliche Umgebung (zweistündig, ganztägig). Kindergrundkurse in den Energieferien. Achttägige Anfängerkurse sowie Kurse an jeweils 4 Wochenenden.
Nächste Bahnstation:	Raabs/Thaya.

A-3820 Liebnitz	
bei Raabs a. d. Thaya 38	**Reiterparadies Liebnitzmühle**
Telefon:	(02846) 432, Pause von 14–16 Uhr 30
Ruhetag:	Keiner
Besitzer:	Otto Dimmel
	30 Reitpferde (Trakehner, Araber und österreichisches Warmblut) für alle Reiter. Reitstunde ohne Lehrer S 70,–, mit Lehrer S 80,–. Zehnstundenblock S 600,–. Reitplatz, Halle 20 x 40, Viereck 20 x 40, 100 km Geländestrecken. Unterricht in Dressur und Springen bis Klasse L. Auch Kinderreiten. Ganzjährig geöffnet. 40 eigene Gästezimmer. Urlaub mit dem eigenen Pferd möglich. Monatspension: S 2700,–, Koppelaufenthalt: S 1000,–. Prospekte kostenlos. Voranmeldung eher günstig.
Spezialität:	Beste Betreuung, Reitlehrer, schnelles Erlernen des Reitsports durch geschultes Personal. Herrliche Gegend für Ausritte.
Nächste Bahnstation:	Raabs an der Thaya.

A-2324 Rannersdorf bei Wien	
Brauhausstraße 49	**Reitstall Rannersdorf**
Telefon:	(0222) 77 67 465
Ruhetag:	Montag
Besitzer:	Werner Moschny
	12 polnische und ungarische Warmblutpferde sowie Hannoveraner für fortgeschrittene Reiter, eventuell auch für Anfänger. S 90,– pro Reitstunde ohne, S 100,– mit Lehrer, S 150,– mit Lehrer, inkl. Sauna und Schwimmbadbenützung. Reithalle 16 x 32, Reitviereck 20 x 40, ca. 10 km Geländestrecken. Unterricht in Dressur und Springen bis zur Klasse L. 12 Gästezimmer in der Nähe. Privatpferde werden noch aufgenommen. Box: S 2600,– pro Monat. Rechtzeitige Voranmeldung ist eher günstig.
Spezialität:	Reitferien für Kinder: 1. Juli bis 1. September. Reitferien für Erwachsene: 1. April bis 30. September. Es gibt Vollpension, Schwimmbecken 11 x 5, 5000 qm Garten und Kantine.
Nächste Bahnstation:	Schwechat.

A-3443 Rappoltenkirchen	
Hauptstraße 6	**Reitschule St. Hieronymus**
Telefon:	(02274) 62 03, am besten von 12 Uhr 30–13 Uhr 30 und 17–21 Uhr
Ruhetag:	Montag
Besitzer:	Hans Jürgen Krätschmer

Dieser Reitstall – speziell: Privat-Einstellstall – beherbergt derzeit 18 Reitpferde (Voll- und Warmblut).
Zehnstundenblock S 950,–.
2 ha großer Reitplatz, Halle 14 x 30, Viereck 18 x 30, praktisch unbegrenzte Geländemöglichkeiten.
Unterricht in Dressur (Klasse A) und Springen (bis Klasse M). Abnahme des österr. Reitsportabzeichens in Bronze. Ganzjährig geöffnet. Kutschenfahrten. Turniere in Vorbereitung.
Noch Boxen frei: S 2900,– Monatspension. Für Kurzeinsteller ebenfalls Plätze frei: S 3200,– monatl. (S 100,– pro Tag).
Voranmeldung unbedingt notwendig.

Spezialität: Distanzritte, Fuchsjagden, Tagesritte, Geländewettbewerbe (mehrstündig). Eine 600-km-Strecke ist in Ausarbeitung.
Autobus hält vor dem Haus.

A-3051 St. Christophen
Herrnhub 1 **Reitstall und Gestüt Herrnhub**
Telefon: (02772) 24 14
Ruhetag: Montag
Besitzer: Peter Gsell

40 Reitpferde (Voll- und Warmblut) für alle am Reitsport Interessierten.
S 90,– die Reitstunde mit Lehrer, S 800,– der Zehnstundenblock.
Ein Reitplatz, eine Halle 14 x 30, ein Viereck 20 x 40 und weit ausgedehnte Geländereitwege.
Unterricht im Geländereiten und in der Dressur (Klasse A). Gästezimmer in der Nähe. Ganzjähriger Betrieb. Auch Kutschenfahrten.
Einstellplätze frei: S 2300,– monatl., bei kurzzeitigem Urlaub mit dem Pferd: S 2000,– monatl., Koppelaufenthalte: S 2000,– monatl.
Voranmeldung eher günstig.

Nächste Bahnstation: Neulengbach Markt.

A-3100 St. Pölten
Waitzendorf 3 **Reitclub St. Hippolyt**
Telefon: (02742) 21 09, tägl. von 17–20 Uhr
Ruhetag: Keiner
Besitzer: Hans Bittner

10 Warmblut-Reitpferde für Mitglieder, aber auch andere Reitgäste.
Reitstunde mit Lehrer S 70,– (60,–), Zehnstundenblocks S 800,– (700,–), Longestunde S 100,– (80,–). Die Preise in Klammern gelten für Jugendliche.
Reitplatz, Halle 15 x 25, Viereck 20 x 40, praktisch unbegrenzte Ausreitmöglichkeiten ins Gelände.
Unterricht in Dressur und Springen bis zur Klasse L/M. Kinderreiten auf Haflingern. Ganzjährig geöffnet. Gästezimmer in der Nähe. Betriebszeit: 17–21 Uhr.
Turnierveranstalter: CHL und CHR.
Boxen frei: S 2000,– monatl., ebenso für Urlaub mit Pferd.
Voranmeldung während der Hauptreisesaison unbedingt nötig, ansonsten eher günstig.

Spezialität:	Ausritte – auch mehrtägige – durch prächtiges Gelände in den Raum Dunkelsteinerwald bis zur Donau. Ausbildung von Kindern und Erwachsenen.
Nächste Bahnstation:	St. Pölten.

A-3108 St. Pölten
Wagram, Dörfl 3 — **Reitclub St. Pölten**

Telefon:	(02742) 78 555, ab 16 Uhr 30 bis 20 Uhr
Ruhetag:	Montag
Besitzer:	Verein

28 Reitpferde verschiedener Abstammungen praktisch für jedermann, auch Anfänger. Reitmöglichkeit auch für Nichtmitglieder.
Reitstunde mit Lehrer kostet für Vereinsmitglieder S 60,– (Zehnstundenblock: S 500,–), für Nichtmitglieder S 100,– (Zehnstundenblock: S 800,–). Voltigierstunde: S 20,–.
Ein Reitplatz, Reithalle 14 x 20, Viereck 20 x 40.
Unterricht im Gelände, in der Dressur bis Klasse L, im Springen bis Klasse A. Österr. Reitsportabzeichen in Bronze wird abgenommen. Ganzjährig geöffnet.
Turnierveranstalter: CHL. Kein Platz für Privatpferde.
Eigene Prospekte sind kostenlos anzufordern. Voranmeldung unbedingt notwendig.

Spezialität:	Dressurtraining. Reitunterricht durch geprüften Ausbildner.

A-2393 Sittendorf
bei Wien 40 — **Reitstall zum Schloß Wildegg**

Telefon:	(02237) 24 596, ganztägig
Ruhetag:	Montag
Besitzer:	Else Putz

8 Warmblutpferde.
Die Reitstunde kostet S 110,–, das Zehnstundenheft S 900,–.
Reitplatz, Halle 14 x 26, Viereck, 20 x 40, 100 km Geländestrecken.
Allgemeiner Unterricht in Dressur und Springen der Klasse A. Kinderreiten auf Haflingern.
5 eigene Gästezimmer, weitere 40 etwa 4 km entfernt.
Noch Platz für Privatpferde in Boxen: S 2500,– monatl., auch für kurze Zeit (Urlaube usw.).
Unbedingt Voranmeldung.

Spezialität:	Im Herbst Fuchsjagden. Mehrstündige bis ganztägige Ausritte in abwechslungsreichem Gelände.
Nächste Bahnstation:	Mödling.

A-2104 Spillern
Stockerauer Straße — **Reitclub Spillern**

Telefon:	(02266) 84 84, am besten mittags
Ruhetag:	Montag
Besitzer:	Verein

7 österreichische Warmblüter nur für eingetragene Mitglieder, wobei diese fortgeschrittene Reiter sein sollten. Unter Umständen werden aber auch Anfänger aufgenommen.
Reitstunde mit Lehrer: S 80,–, Zehnerblock: S 700,–.
Reitplatz, Halle 12x33, Viereck 20x40, praktisch unbegrenzte Geländestrekken.
Unterricht in der Dressur (bis Klasse L). Auch Kinderreiten. 2 eigene Gästezimmer. Ganzjährig geöffnet.
Noch Einstellmöglichkeit für Privatpferde: S 2400,– monatl. Gleicher Kostensatz für Kurzeinsteller.
Voranmeldung unbedingt notwendig.

Spezialität: Sorgfältiger Unterricht.
Nächste Bahnstation: Spillern.

A-3261 Steinakirchen a. Forst **Reitstall Schloß Ernegg**
Telefon: (07488) 214, 287
Ruhetag: Dienstag
Besitzer: Gräfin H. M. Auersperg-Lee

Auf Schloß Ernegg, 15 Minuten von der Autobahnabfahrt Ybbs gelegen, wird nicht nur geritten. Für ein sportliches Wochenende oder einen Tagesausflug sorgen auch Möglichkeiten zum Tontaubenschießen, zu Golf, Fischen, Tennis, Schwimmen usw.
Reitern stehen 12 ausgesuchte Pferde zur Verfügung. Es sind dies Irish-Hunter, Araber-Kreuzungen sowie Connemara-Ponys, bekannt vom berühmten Connemara-Trail, der auch heute noch alljährlich in Irland über die zerklüfteten Berggegenden von Tipparary geritten wird.
Die Reitstunde mit Lehrer kostet S 95,–, eine halbe Stunde an der Longe S 65,–.
In der Vor- und Nachsaison werden Zehnstundenblocks um S 800,– angeboten.
Eine Spezialstunde in Dressur/Springen kostet S 140,–.
Neben einem Reitplatz gibt es ein 20x40 großes Viereck. Die Geländewege sind bis zu 30 km lang. Kinderreiten ist auf Ponys möglich.
Schloß Ernegg hat 20 Gästezimmer. Der Reitbetrieb läuft vom 1. Mai bis ca. 15. Oktober.
Kein Platz für Privatpferdeeinstellung oder Koppelaufenthalt.
Eigenes Prospektmaterial kostenlos. Rechtzeitige Voranmeldung ist eher günstig.

Spezialität: Mehrstündige Ritte täglich in die schönsten Geländeabschnitte rund um Schloß Ernegg, Picknicks usw.
Nächste Bahnstation: Amstetten, Ybbs.

A-3313 Wallsee **Reitclub St. Georg**
Telefon: (07433) 384, morgens und abends
Ruhetag: Montag
Besitzer: Erzherzog Franz Habsburg-Lothringen

15 Reitpferde verschiedener Abstammung.
S 60,– pro Reitstunde inkl. Lehrer, Zehnerblock S 550,–.

Geritten wird auf dem großen Reitplatz, einer Halle 20 x 50, dem Viereck 18 x 36 sowie im herrlichen Gelände (ca. 10 km Reitwege).
Unterricht in Dressur und Springen bis zur Klasse L M. Möglichkeit zur Erlangung des österr. Reitsportabzeichens. Kinderreiten auf Ponys. Über 100 Gästezimmer im Ort.
Privatpferde: S 1800,– pro Monat. Pensionspferde im Urlaub kosten S 80,– pro Tag. Voltigieren: nur S 10,– pro Stunde und Kind.
Prospekte kostenlos. Voranmeldung unbedingt nötig.

Spezialität: Reiterferien, Fuchsjagden, Dressur- und Springlehrgänge.
Nächste Bahnstation: Amstetten.

A-3351 Weistrach 123 **Reitclub Weistrach im Obstgarten**
Telefon: (07477) 21 73, ganztägig
Ruhetag: Montag
Besitzer: Reitverein

Echtes Reiten für jedermann auf 18 Island-Pferden, die auch dem blutigen Anfänger rasch Spaß machen.
Die Reitstunde mit Lehrer kostet S 70,– (Gruppenunterricht), der Zehnerblock S 600,–.
Geritten wird auf dem Reitplatz, dem Viereck 20 x 40 sowie vor allem im Gelände, dessen Ausdehnung praktisch unbegrenzt ist. Sonderkurse für Kinder.
Etwa 30 Gästezimmer in unmittelbarer Nähe. In Kürze werden Boxen für Privatpferde (auch Urlaub) zur Verfügung stehen.
Prospekte kostenlos. Unbedingt Voranmeldung.

Spezialität: Wanderreiten in herrlicher Voralpenlandschaft, und dies besonders im Tölt, der einmaligen Gangart der Isländer.
Nächste Bahnstation: Stadt Haag, St. Peter-Seitenstetten.

A-2700 Wiener Neustadt
Fischabachsiedlung 1 **Reitclub Sonnenranch**
Telefon: (02622) 39 80 (Dr. Scherz), Montag bis Freitag 8–12 Uhr
Ruhetag: Montag
Besitzer: Johann Mach, Reitclub (Obmann Dr. Scherz)

7 Reitpferde österreichischer und ungarischer Abstammung (Warmblut). Reiten können hier nur eingetragene Mitglieder (auch Anfänger).
S 90,– pro Reitstunde mit Lehrer.
Reitplatz, Viereck 30 x 60, 15–20 km Geländestrecken.
Unterricht im Gelände sowie Dressur und Springen bis Klasse A.
Jede Menge Gästezimmer in der Nähe.
Kein Platz für weitere Privatpferde, Urlaub, Koppel usw.
Rechtzeitige Voranmeldung unbedingt nötig.

Spezialität: Geländeritte.
Nächste Bahnstation: Wiener Neustadt.

A-2700 Wiener Neustadt
Akademiegelände — **Wiener Neustädter Reitverein**

Telefon: (02622) 30 46, am besten von 9–12 und 15–19 Uhr
Ruhetag: Donnerstag
Besitzer: Verein

11 Reitpferde (österreichisches, ungarisches, jugoslawisches und polnisches Warmblut). Nur für eingetragene Mitglieder.
Reitstunde ohne Lehrer S 75,–, mit Lehrer S 120,–, Zehnstundenblock S 1000,–.
Reithalle 15 x 35, Viereck 20 x 60.
Unterricht im Geländereiten, der Dressur (Klasse A). Hotelzimmer in der Nähe. Ganzjähriger Reitbetrieb.
Voranmeldung unbedingt nötig.

Spezialität: Zweiwöchiger Kinderkurs mit Zeltlager in den Sommerferien.
Nächste Bahnstation: Wiener Neustadt.

A-3250 Wieselburg a. d. Erlauf
Breiteneicherstraße 5 — **Reitverein Erlauftal**

Telefon: Keines, erreichbar täglich von 17–19 Uhr, außer Dienstag
Ruhetag: Dienstag
Besitzer: Walter Mayer

19 Reitpferde (Hannoveraner, Trakehner, österreichisches Warmblut usw.) für eingetragene Vereinsmitglieder, fortgeschrittene Reiter sowie zum Teil auch für Anfänger.
S 80,– pro Reitstunde inkl. Lehrer, S 700,– der Zehnstundenblock. Sattelgeld jeweils S 5,–.
Reitplatz, Reithalle 20 x 40, Reitviereck 20 x 60 vorhanden.
Unterricht in Dressur und Springen bis zur Klasse L. Abnahme des österr. Reitsportabzeichens in Bronze. CHR-Turnierveranstalter. Ganzjährig geöffnet, Gästezimmer in der Nähe.
Noch Platz für Privatpferde: S 2200,– Monatspension. Gleicher Satz für Kurzaufenthalte bei Urlaub usw.
Voranmeldung nötig.

Nächste Bahnstation: Wieselburg.

BURGENLAND

A-7163 Andau
Ödenburger Straße — **Reitzentrum Andau**
Telefon: Keines
Ruhetag: Keiner
Besitzer: Franz Lutz

16 burgenländische Warmblutpferde für Anfänger und erfahrene Reiter.
Reitstunde S 70,–, mit Lehrer S 80,–, Zehnstundenblock S 600,–.
Reitplatz, Viereck 20 x 40, praktisch unbegrenzte Geländestrecken.
Unterricht im Geländereiten sowie Springen der Klasse A.
12 eigene Gästezimmer, ganzjähriger Betrieb.
Noch Einstellplätze für Privatpferde: S 1800,– monatl., Kurzeinsteller: S 2000,–, Koppelaufenthalte: S 1000,– monatl., Voltigierstunde: S 100,–.
Eigene Prospekte kostenlos. Voranmeldung eher günstig.

Spezialität: Ein- oder mehrtägige Ritte durch landschaftlich reizvolle Umgebung, durch die Pußta, an Lacken und Seen vorbei. Erholsame Kutschenfahrten für Nichtreiter. Andau, hart an der österreichisch-ungarischen Grenze, im Hanság-Gebiet, ist ein malerisches Angerdorf, in dem die Zeit stehengeblieben zu sein scheint. Beste Reitererholung fernab von Hektik und Lärm.
Eigene Prospekte kostenlos. Voranmeldung eher günstig.

Nächste Bahnstation: St. Andrä am Zicksee.

A-7021 Draßburg — **Reitstall Hotel Schloß Draßburg**
Telefon: (02686) 220, ganztägig erreichbar
Ruhetag: Keiner
Besitzer: Maria v. Patzenhofer

3 ungarische Warmblutpferde stehen hier auch Anfängern für S 100,– pro Reitstunde zur Verfügung.
Ein Reitplatz, ein Viereck 45 x 80 sowie etwa 120 km Geländereitwege ins mittlere Burgenland.
30 eigene Gästezimmer im Schloßhotel (Luxuskategorie).
Einstellung von Privatpferden für Urlaube nach Vereinbarung.
Eigene Prospekte sind kostenlos anzufordern. Voranmeldung ist eher günstig.

Spezialität: Mehrstündige Geländeritte, Fuchsjagden, Dressurreiten, Kutschenfahrten.
Nächste Bahnstation: Draßburg.

A-7540 Güssing
Meierhof Sankohaus — **Reitbetrieb der Gutsverwaltung Dr. Karl Draskovich**
Telefon: (03322) 24 44
Ruhetag: Keiner
Besitzer: Dr. Karl Draskovich

5 Reitpferde (Halbblut) nur für fortgeschrittene Geländereiter.
Reitstunde: S 70,–.
Reitplatz und Viereck vorhanden, jedoch Schwergewicht auf Geländereiten.
Länge der Geländestrecken: beliebig.
Kein Unterricht.
3 eigene Gästezimmer. Betrieb: April bis Oktober.
Pensionspferde für Urlaube: S 1500,– monatl., Koppel: S 1100,– monatl.
Voranmeldung unbedingt nötig, da nur eine gewisse Anzahl von Urlaubs-Stallplätzen vergeben wird.

Spezialität: Hier wird der Urlaub mit dem eigenen Pferd wohl zum unvergeßlichen Erlebnis, da sich das traumhaft schöne Gelände für Tagesritte optimal eignet. Zur Verfügung stehen 3000 ha Eigengrund. Der Verfasser hat anläßlich des 400-km-Distanzrittes Kittsee–Kalch im Sommer 1975 die Gastfreundschaft von Graf Draskovich sehr positiv genossen.
Nächste Bahnstation: Fürstenfeld.

A-7142 Illmitz
Seegasse 9 — **Reiterhof Mann**
Telefon: (02175) 23 34, ganztägig
Ruhetag: Keiner
Besitzer: Martin Mann

Hier stehen 11 burgenländische Warmblutpferde, die auch Anfängern und allen sonstigen Personen, welche sich für den Reitsport interessieren, zugänglich sind.
Die Reitstunde kostet S 70,– ohne und S 75,– mit Lehrer, der Zehnstundenblock S 650,–.
Reitplatz vorhanden, ebenso ein Viereck 20 x 60 und praktisch unbegrenzte Ausrittmöglichkeiten in das zauberhafte Ufergelände des Neusiedler Sees sowie in die Umgebung.
Der Reiterhof Mann hat 5 eigene Gästezimmer, in der Nähe gibt es genügend weitere. Der Betrieb ist ganzjährig geöffnet.
Eigene Prospekte sind kostenlos anzufordern. Voranmeldung günstig.

Spezialität: Ausgedehnte Pußtaritte am Naturschutzgebiet entlang, in dem es 270 verschiedene Vogelarten gibt.

A-7221 Marz bei
Mattersburg, Heroldmühle — **Reitzentrum Heroldmühle**
Telefon: (02167) 713, Mo, Di, Do, Fr 10–12 Uhr
Ruhetag: Keiner
Besitzer: Dr. Franz X. Schmöllerl

In der wunderhübschen alten Mühle, die von den Besitzern umgebaut wurde, ohne den ursprünglichen Charakter zu ändern, stehen 10 ungarische Warmblüter.

Alle Reitsportfreunde können für S 85,– pro Stunde mit Lehrer (Zehnerblock S 700,–) nach Herzenslust reiten.
Ein 20 x 40-Dressurviereck sowie unbegrenzte Reitwege stehen in der näheren und weiteren Umgebung zur Verfügung.
Unterricht in Dressur und Springen in der Klasse A. Die Kinder reiten auf Shetlandponys. Jede Menge Gästezimmer in unmittelbarer Nähe.
Privatpferdeeinstellung möglich: S 2400,– monatl., auch kurzfristig für Urlaube.
Voranmeldung erwünscht.

Spezialität: Mehrstündige und Tagesritte im Naturschutzgebiet des Marzerkogels sowie entlang der österreichisch-ungarischen Grenze. Die Heroldmühle (Denkmalschutz) stammt aus dem 13. Jh.
Nächste Bahnstation: Marz-Rohrbach oder Mattersburg.

A-7111 Parndorf
Hauptstraße 69 **Reiterhof Parndorf**
Telefon: (02166) 351, morgens und abends
Ruhetag: Montag
Besitzer: Wilfried Wendl

24 Reitpferde (20 Warmblüter und 4 Haflinger) für jedermann.
Reitstunde mit Lehrer S 100,–, Zehnstundenblock S 800,–, Halbtagesritte S 300,–, Ganztagesritte S 500,–.
Reitplatz, Viereck 20 x 40, etwa 20 km Geländestrecken.
Unterricht in Dressur und Springen bis Klasse L. Abnahme des österr. Reitsportabzeichens in Bronze. Kinderreiten auf Haflingern.
15 Gästezimmer in der Nähe. Ganzjährig geöffnet.
Privatpferdeeinstellung: S 2000,– monatl., desgleichen kurzzeitige Unterbringung für Urlauber mit Pferd.
Prospekte kostenlos. Voranmeldung eher günstig.

Spezialität: Pußtacamping am Lagerfeuer.
Nächste Bahnstation: Parndorf.

A-7141 Podersdorf am See
Seestraße 15 **Pferdevermietung Frankl**
Telefon: (02177) 251, vormittags und abends
Ruhetag: Keiner
Besitzer: Alexander Frankl

18 ungarische, polnische, jugoslawische und burgenländische Reitpferde für Anfänger und Fortgeschrittene.
S 70,– die Reitstunde ohne Lehrer, S 580,– der Zehnstundenblock.
Ein Reitplatz und praktisch unbegrenzte Ausrittmöglichkeiten. Kutschenfahrten und Kinderreiten. Ganzjährig geöffnet.
Keine Einstellmöglichkeit für Privatpferde.
Voranmeldung unbedingt notwendig.

Spezialität: Nachtritte und Lagerfeuer. Auch längere Ausritte im wunderschönen Gebiet des Neusiedler Sees.
Nächste Bahnstation: Frauenkirchen.

A-7083 Purbach am Neusiedler See Seeappartement Türkenhain — **Reitschule Purbach**

Telefon: (02683) 44 509 (7–9 Uhr) oder 310 (Seewirt)
Ruhetag: Montag
Besitzer: Ing. Ernst Piech

6 Reitpferde (3 holländische Warmblut, 1 ungarisches Warmblut, 2 Welsh-Cob), die von jedermann geritten werden können.
Einzelstunde mit Reitlehrer S 80,– bis S 120,–. Zehnstundenblock S 700,–.
Reitviereck 20 x 40. Dressurunterricht gegen zusätzliche Gebühr bei Herrn Dkfm. Alfred Knopfhart.
Betrieb vom 1. April bis Mitte Oktober.
Eigene Prospekte kostenlos. Voranmeldung unbedingt nötig.

Spezialität: Ausritte ins Leithagebirge (nur mit Vorreiter). Gediegene Reitausbildung.
Nächste Bahnstation: Purbach.

A-7551 Stegersbach 656 — **Erster Burgenländischer Reitverein Stegersbach**

Telefon: (03326) 23 48, Mo, Di, Do, Sa, ansonsten nur mittags
Ruhetag: Montag
Besitzer: Verein, Dentist Franz Plisnier

20 Reitpferde ungarischer, jugoslawischer und österreichischer Abstammung (Haflinger). Jedermann kann hier reiten.
Kosten: S 70,– pro Reitstunde, der Zehnstundenblock S 600,–, für Mitglieder S 50,– pro Stunde.
Es gibt einen Reitplatz, eine Halle 15 x 23, ein Reitviereck 20 x 40 und praktisch unbegrenzte Ausrittmöglichkeiten.
Auf Wunsch Unterricht.
Gästezimmer im Ort. Der ganzjährig tätige Verein führt auch Kutschenfahrten durch. Sauna bei der Club-Gaststätte, Umkleideräume, 2 Tennisplätze neben dem Reitplatz.
Einstellmöglichkeit für Privatpferde nur S 1500,– monatl., desgleichen Kurzaufenthalte von Pensionspferden.
Voranmeldung eher günstig.

Spezialität: 8–14tägige Zeltlager mit Reitkursen während der Sommermonate. Tagesausritte sowie Ritte über mehrere Tage.
Nächste Bahnstation: Oberwart.

STEIERMARK

A-8622 Etmißl 43 **Reitstall Etmißlerhof**
Telefon: (03861) 24 06
Ruhetag: Dienstag
Besitzer: Familie Wöls

2 Warmblüter und 1 Pony stehen in diesem Gasthof nahe bei Kapfenberg. Sie können auch von Anfängern, primär jedoch von den Pensionsgästen geritten werden.
Reitstunde mit Lehrer S 80,–, ohne Lehrer S 70,–.
Neben dem Reitplatz gibt es die Möglichkeit zu ausgedehnten Spazierritten auf etwa 15 km Geländereitwegen. Der Gasthof hat 20 Gästezimmer.
Der Reitbetrieb läuft vom 15. Dezember bis 1. November. In der Hauptsaison sind die Pferde ausschließlich den Pensionsgästen vorbehalten.
Prospekte kostenlos. Voranmeldung eher günstig.

Nächste Bahnstation: Kapfenberg.

A-8720 Knittelfeld
Gut Sachendorf **Reitclub Sachendorf**
Telefon: (03512) 22 58, 8–18 Uhr
Ruhetag: Montag
Besitzer: Gut Sachendorf, Reitclub

26 Reitpferde (hannoveranisches, westfälisches, österreichisches Warmblut, 1 Haflinger, 1 Pony). Allgemeiner Reitbetrieb für Anfänger und Fortgeschrittene.
Reitstunde mit Lehrer S 80,–, Zehnstundenblock S 700,–.
Ein Reitplatz, eine Reithalle 20 x 40, ein Viereck 20 x 60 sowie bis zu 15 km Geländereitwege.
Unterricht in allen Disziplinen. Dressur bis Klasse M, Springen bis Klasse S.
Österr. Reitsportabzeichen in Bronze. Kinderreiten auf Haflinger.
Genügend Fremdenzimmer in der Nähe.
Turnierveranstalter von CHR/CHN- und CCN-Turnieren.
Noch Boxen frei: Monatspension (ohne Hafer): S 1768,–, Kurzaufenthalte von Pferden: S 2500,–. Auch Koppelaufenthalte: je nach Alter S 300,– bis S 500,– auf nieder gelegener Alm. Voltigieren: S 15,– pro Stunde.
Voranmeldung eher günstig.

Spezialität: Ausbildung junger Pferde, Vielseitigkeitskurs im Herbst, 5 Schulpferde für alle Reiter (Anfänger und Fortgeschrittene). Unterricht: Hans Serschen, österr. Militaryreiter.
Nächste Bahnstation: Knittelfeld.

A-8630 Mariazell
St. Sebastian 73–77 **Landwirtschaft und Zuchtbetrieb Hotel Alpenhof**
Telefon: (02727) 21 25, ganztägig
Ruhetag: Keiner
Besitzer: Irene Flesch

Voll- und Halbpension in einem Hotel, das Landhauscharakter hat und auch Begleitpersonen beste Unterkunft bietet.
7 Lipizzaner und Warmblutstuten für alle am Reitsport interessierten Besucher und Gäste.
S 100,– pro Reitstunde inkl. Lehrer, S 60,– für ortsansässige Kinder.
Zur Verfügung stehen ein Reitplatz, Halle 20 x 18, Viereck 20 x 40 sowie lange Geländereitwege in der Umgebung.
Unterricht in Dressur und Springen bis zur Klasse L. Kinderreiten auf verläßlichen Stuten.
Der Betrieb verfügt über 22 Gästezimmer und läuft ganzjährig mit Schwergewicht in der Zeit Juni–Oktober. Auch Kutschenfahrten sind möglich.
Voranmeldung unbedingt nötig.

Spezialität: Tagestouren ins freie Gelände für fortgeschrittene Reiter, Pferdezuchtbetrieb mit allen Geländemöglichkeiten und beste Ausbildung von Kindern.
Nächste Bahnstation: Mariazell.

A-8042 Pachern (bei Graz)
Hauptstraße 110 **Reitclub Winterhof**
Telefon: (03222) 43 67 53, am besten von 7–8 und 11–13 Uhr
Ruhetag: Keiner
Besitzer: Joachim Dittus

14 Warmblutpferde für jedermann.
Reitstunde mit oder ohne Lehrer S 70,–, Zehnstundenblock S 600,–.
Reitplatz und Reitviereck 20 x 40.
Unterricht vorwiegend im Geländereiten. Genügend Gästezimmer in der Nähe. Kutschenfahrten. Ganzjähriger Betrieb.
Privatpferdeeinstellung: S 2000,– Monatspension, ebenso für Kurzeinsteller. Voltigierkurs: S 150,–.
Eigene Prospekte kostenlos. Voranmeldung nicht notwendig.

Spezialität: Wanderreiten, Tages- und Wochenritte, Fuchsjagden.
Nächste Bahnstation: Autal.

A-8242 St. Lorenzen am Wechsel
Riegl 11 **Pferdevermietung Römerhütte**
Telefon: Keines
Ruhetag: Keiner
Besitzer: Alois Lechner

Volkstümliches, naturverbundenes Reiten auf 10 hübschen Haflingern. Das bedeutet, daß auch Anfänger hier bald Freude am Reitsport bekommen werden.
Die Reitstunde kostet nur S 50,–, ein Pferd für einen Tagesritt S 400,–, die Reitstunde mit Lehrer S 70,–.
Es gibt einen Reitplatz, ein Viereck 20x40, weitläufige Geländestrecken. Unterricht in der Dressur Klasse A wird erteilt. Auch Kinder können auf den Haflingern leicht reiten. Vier eigene Gästezimmer und etwa 30 weitere in der Umgebung laden zu längeren Urlauben ein.
Betriebsbeginn ist der 1. April, Betriebsende der 1. November. Für ein Pensionspferd im Urlaub – wenn Sie Ihren Vierbeiner mitnehmen wollen – werden S 1500,– monatl. verrechnet, für reinen Koppelaufenthalt S 1400,– (inkl. Zusatzfutter).
Eigene Prospekte kostenlos. Voranmeldung günstig.

Spezialität: Wanderungen ins Wechselgebiet für jung und alt.
Nächste Bahnstation: Dechantskirchen oder Rohrbach.

A-8102 Semriach **Ponyhof Jägergut**
Telefon: (03127) 83 51, von 8–19 Uhr werktags
Ruhetag: Keiner
Besitzer: Dr. Franz Ernst Hoyos

Der Ponyhof in Semriach ist das österreichische Zentrum der Islandpferde, die hier nicht nur gehalten und ausgebildet werden, sondern auch jedermann zur Verfügung stehen.
Reitstunde mit Lehrer S 70,–, für Ponyhof-Hausgäste kostet der Zehnstundenblock S 600,–, für andere S 650,–.
Als Reitbahn steht die 200-m-Europabahn zur Verfügung, die bereits Schauplatz von Europameisterschaften war. Dazu gibt es eine Halle 20x40 und ein ebenso großes Viereck sowie eine 250-m-Rennpaßstrecke.
Unterricht im Gelände und in der Dressur (lt. I. P. O.). Der Betrieb hat auch Islandpferde für Kinderreiten.
Ganzjährig geöffnet, ausgenommen November, mit 21 Gästezimmern und jeder Menge weiterer in der Umgebung.
Abhaltung von Islandpferdeturnieren bzw. -meisterschaften.
Es gibt noch freie Stände: monatl. S 1200,–, für Urlaub bzw. Koppelaufenthalte: S 1000,–, allerdings werden nur Islandpferde aufgenommen.
Eigene Prospekte kostenlos. Voranmeldung eher günstig.

Spezialität: Ganzjährig (ausgenommen November) 14tägige Reitkurse, Trekking-Reiten. Ausflugsritte für Erwachsene und Jugendliche in die Umgebung von Semriach (Hochplateau, Seehöhe 800 m). Vorbereitungskurse für Islandpferde-Meisterschaften usw.
Nächste Bahnstation: Graz.

A-8982 Tauplitz 115 **Pferdevermietung Wohlmuter**
Telefon: (03688) 244, jederzeit (Anrufbeantworter)
Ruhetag: Keiner
Besitzer: Herbert Wohlmuter

3 Haflinger nur für fortgeschrittene Reiter, da kein Unterricht erteilt wird.
S 60,– pro Reitstunde.
Ein Reitplatz, ca. 20 km Geländereitwege.
5 eigene Gästezimmer, jede Menge weiterer in der Nähe.
Ganzjähriger Betrieb.
Platz für Privatpferde: S 1500,– monatl., für Urlauber mit eigenem Pferd: S 50,– pro Tag, Koppelaufenthalte: S 500,– monatl.
Voranmeldung unbedingt nötig.

Spezialität: Spazierritte durch das schöne Gnanitztal sowie zu den umliegenden Almen und Seen. Im Winter Schlittenfahrten.

Nächste Bahnstation: Tauplitz.

A-8784 Trieben
Hohentauern 16 **Reitbetrieb Moscher**

Telefon: (03618) 204, 253, ständig erreichbar
Ruhetag: Keiner
Besitzer: Erich Moscher

15 A-dressurfertige Haflinger stehen hier für den abwechslungsreichen Urlaub in Hohentauern bereit. Das Wochenprogramm reicht von der Reiterei über Fischen, Tennis, Kegeln, Fahrradpartien, Ausflüge und Filmabende bis zur Bauernmalerei.
Die Reitstunde kostet mit Lehrer S 100,–, der Zehnstundenblock S 800,– (für Einheimische S 600,–).
Ein Reitplatz und ein 20 x 60-Viereck sind vorhanden. Die Ausritte führen über herrliche Wanderwege 5–12 km weit.
Etwa 20 Gästezimmer im ganzjährigen Reitbetrieb. Auch Kutschenfahrten sind möglich.
Privatpferdeplätze frei: S 2000,– monatl. Voltigieren: 25 Minuten S 60,–.
Eigene Prospekte. Voranmeldung unbedingt nötig.

Spezialität: Mehrstündige Ausritte, Fuchsjagden usw. sowie Geländespiele und Lagerfeuerromantik mit Würstelbraten.

Nächste Bahnstation: Trieben.

KÄRNTEN

A-9546 Bad Kleinkirchheim — **Reitstall Hotel Trattlerhof**
Telefon: (04240) 225, 364
Ruhetag: Keiner
Besitzer: Jakob Forstnig

5 Haflinger und Warmblutpferde für jedermann.
S 90,– pro Reitstunde mit Lehrer auf dem Reitplatz, dem Viereck 50 x 60 oder im weitläufigen Gelände.
50 eigene Gästezimmer. Ganzjähriger Betrieb.
Eigene Prospekte kostenlos. Keine Voranmeldung nötig.

Spezialität: Tages- oder Halbtagesritte in die Umgebung von Bad Kleinkirchheim.
Nächste Bahnstation: Spittal/Millstätter See.

A-9641 Föderlach
Trabenig — **Reitschule St. Georg**
Telefon: (04252) 21 58, 21 59, ganztägig
Ruhetag: Keiner
Besitzer: Kurt Borchardt. Pächter: Maria del Fabro

11 ungarische Halbblutpferde für alle reitsportbegeisterten Gäste.
S 90,– ohne Lehrer (55 Minuten), S 90,– mit Lehrer (35 Minuten), S 800,– Zehnstundenblock, S 1400,– Zwanzigstundenblock.
Reitplatz, Halle 14 x 28, ca. 20 km Geländereitwege.
Unterricht in Dressur und Springen bis Klasse L. Kinderreiten auf Kleinpferden.
12 eigene Gästezimmer. Ganzjährig geöffnet. Kutschenfahrten.
Noch Boxen frei: S 1950,– Monatsvollpension, ebenso für Kurzurlaube.
Eigene Prospekte kostenlos. Voranmeldung ist eher günstig.

Spezialität: Mehrstündige Ritte im Gelände, Tagesritte sowie Reitunterricht in der Halle.
Nächste Bahnstation: Velden am Wörthersee oder Villach.

A-9582 Latschach ober dem
Faaker See, Oberaichwald — **Reitschule Faaker See**
Telefon: (04254) 22 15
Ruhetag: Montag
Besitzer: Johann Schnabl

18 Reitpferde (Araber, Haflinger) für Anfänger und Fortgeschrittene.
Pro Reitstunde mit Lehrer S 100,–, Zehnstundenblock S 900,–.
Reithalle 20 x 60, etwa 25 km Geländereitwege.
Unterricht in Dressur (Klasse L) und Springen (Klasse L/M). Kinderreiten auf Ponys. 8 eigene Gästezimmer, jede Menge weiterer in unmittelbarer Nähe.
Ganzjährig geöffnet. Kutschenfahrten. CHL-Turnierveranstalter.
Noch Boxen für Privatpferde frei. Monatspension: S 2000,–, für Urlaub mit dem eigenen Pferd S 2700,–. Koppelaufenthalte: S 900,– monatl. Voltigierstunde: S 70,–.
Eigene Sonderprospekte kostenlos. Voranmeldung eher günstig.

A-9781 Oberdrauburg **Gut Schröttelhof**
Telefon: (04710) 329, am besten in den Abendstunden
Ruhetag: Keiner
Besitzer: Karl Pichler

Hier stehen 11 Reitpferde (5 Warmblut, 3 Haflinger und 3 Ponys). Reiten für Anfänger und Fortgeschrittene.
Reitstunde ohne Lehrer S 80,–, mit Lehrer S 120,–, Zehnstundenblock S 750,–.
Es gibt einen Reitplatz, ein Viereck 18 x 36 sowie weitläufige Geländestrecken.
Unterricht in Dressur und Springen bis Klasse A. Kinderreiten auf Islandponys.
Betriebszeit: März bis Spätherbst. Kutschenfahrten auf Voranmeldung.
Privatpferde S 1800,– monatl., Pensionspferde (Urlaub mit dem eigenen Pferd) S 65,– tägl.
Eigene Prospekte kostenlos. Voranmeldung ist eher günstig.

Spezialität: Schöne Ausritte in ansprechender Landschaft.
Nächste Bahnstation: Oberdrauburg.

A-9821 Obervellach **Pension Schloß Trabuschgen**
Telefon: (04782) 20 42, am besten vormittags
Ruhetag: Keiner
Besitzer: M. u. R. Strach

16 Reitpferde, auch 2 Ponys, für Anfänger und Fortgeschrittene.
S 90,– pro Reitstunde mit Lehrer, S 75,– für Hausgäste.
Ein Reitplatz 45 x 130, Reithalle 13 x 20, Viereck 20 x 60 sowie etwa 20 km Geländereitwege.
Unterricht im Gelände, Dressur und Springen bis Klasse L. Kinderreiten auf Ponys.
18 eigene Gästezimmer. Betrieb ganzjährig, jedoch Reiten von April bis Oktober.
Turniere der Klasse CHR.
Privatpferde S 75,– pro Tag bzw. S 1800,– pro Monat. Koppelaufenthalte inkl. Zusatzfutter: S 800,– monatl.
Eigene Prospekte kostenlos. Voranmeldung unbedingt notwendig.

Spezialität: Vielseitigkeit. Erste Oktoberhälfte: Sonderangebot für Vollpension und eine Reitstunde tägl.: S 1500,– pro Woche. Viele Geländehindernisse, Cavaletti-Arbeit, Springplatz, Ausbildung junger Privatpferde.
Nächste Bahnstation: Mallnitz.

A-9300 St. Veit an der Glan **Haflingerhof Taggenbrunn**
Telefon: (04212) 21 86 bzw. (04222) 80 411, Kl. 265
Ruhetag: Keiner
Besitzer: Heinz Kleinszig

8 Haflinger, auch für Anfänger bestens geeignet.
Reitstunde mit Lehrer S 110,–. Ein Ritt um den Burgberg: S 30,–. Ausritt mit Begleitperson: S 90,–.
Reitviereck 20 x 60, ca. 3 km Geländestrecke. Auch Kinderreiten. 6 eigene Gästezimmer, weitere in der Nähe. Betrieb von Mai bis Oktober.
Noch Einstellplätze frei: S 60,– pro Tag (ohne Hafer). Monatl. für Urlaub mit dem Pferd: S 1800,–. Koppelaufenthalte: S 1200,– monatl. Voltigierpferd: S 110,– pro Stunde.
Voranmeldung günstig.

Spezialität: Kinder- und Freizeitreiten um den Burgberg. Dem Betrieb ist eine Burgtaverne angeschlossen.
Nächste Bahnstation: St. Veit an der Glan.

A-9762 Techendorf **Sporthotel Alpenhof**
Telefon: (04713) 407
Ruhetag: Keiner
Besitzer: Georg Zöhrer

4 Ponys sind vorhanden, eigene Pferde können in dieses Fremdenverkehrszentrum am Weißensee mitgebracht werden.
S 80,– die Reitstunde ohne Lehrer, S 100,– mit Lehrer.
Reitplatz und etwa 20 km Geländereitwege.
Für Gastpferde werden S 80,– pro Tag als Vollpensionspreis verrechnet.
Ideal für sportlich interessierte Urlauber, die einmal etwas anderes suchen.
Eigene Prospekte kostenlos. Voranmeldung unbedingt nötig.

Nächste Bahnstation: Greifenburg/Weißensee.

A-9521 Treffen bei Villach **Pferdevermietung Triebnig**
Telefon: (04248) 27 83, ganztägig
Ruhetag: Keiner
Besitzer: Theresia Triebnig

Einige Warmblut- und Haflingerpferde stehen in dieser Landwirtschaft mit eigener Zucht. Die Reitstunde (unter Aufsicht) kostet S 80,–, geritten wird vorwiegend im Gelände. Kinderreiten auf den braven Haflingern. Kutschenfahrten. 6 eigene Gästezimmer. Ganzjähriger Betrieb.
Einstellplätze für Urlauber frei: S 1800,– Monatspension.
Voranmeldung erbeten.

Spezialität: Longieren von Anfängern und Spazierritte.
Nächste Bahnstation: Villach.

A-9330 Treibach
c/o Fa. Funder-Mölbling — **Reitverein St. Veit an der Glan**

Telefon: (04262) 21 43, am besten von 9–12 und von 13–17 Uhr
Ruhetag: Keiner
Besitzer: Verein

61 Reitpferde (Halbblut, Hannoveraner, Holsteiner, Anglo-Araber, österreichische) nur reitbar für eingetragene Mitglieder (Privatpferde).
2 Reitplätze, Halle 20 x 40, 3 Reitvierecke 20 x 60, Rennbahn 8000 m sowie Geländestrecken auch für int. Military.
Unterricht in Dressur und Gelände. Springen bis Klasse S. Abnahme des österr. Reitsportabzeichens. Ganzjährig geöffnet. Turnierveranstalter: CHL bis CHI sowie CCI.
Noch Einstellplätze frei: S 2000,– monatl., Koppelaufenthalte: S 300,–.
Rechtzeitige Voranmeldung unbedingt nötig.

Spezialität: Ausbildung von Turnierpferden und Reitern, Veranstaltung mittlerer und großer Turniere, einzige Militaryanlage in Österreich für internationale Veranstaltungen (CCI). Ständige Rennbahn und Q-Strecke. Ca. 30 feste Hindernisse. Veranstaltungsort von BFVB-Kursen in allen drei Sparten.
Nächste Bahnstation: St. Veit an der Glan bzw. Treibach-Althofen.

A-9500 Villach, Auenweg — **Reitclub Villach**

Telefon: Keines
Ruhetag: Mittwoch
Besitzer: Verein

30 Reitpferde (Warm- und Vollblüter) für Anfänger und Fortgeschrittene.
S 80,– pro Reitstunde mit Lehrer.
Reitplatz, Halle 14 x 38, Viereck 20 x 40, ca. 25 km Geländereitwege.
Unterricht in Dressur und Springen bis Klasse M.
Ganzjähriger Betrieb, genügend Gästezimmer in der Nähe. Turnierveranstalter: CHR.
Noch Einstellplätze frei: S 2500,– monatl., für Urlauber mit eigenem Pferd S 3000,– monatl.
Eigener Prospekt. Voranmeldung eher günstig.

Spezialität: Geländeritte in abwechslungsreicher Landschaft.
Nächste Bahnstation: Warmbad Villach.

A-9500 Villach	
St. Johanner Höhe	**Reitclub Hubertushof**
Telefon:	(04242) 24 560
Ruhetag:	Keiner
Besitzer:	Turnierreitergemeinschaft, Obmann Dipl.-Ing. Walter Thomasser
	Turnierreitergemeinschaft auf Vereinsbasis, um so die jährliche Reiterlizenz direkt beziehen zu können. Nur eigene Turnierpferde. 8 Turnierpferde (österreichischer, deutscher, irländischer, ungarischer Provenienz). Reitplatz, Viereck 100 x 100, ca. 2 km Geländereitwege.
Spezialität:	Ausbildung der eigenen jungen Pferde zur Turnierreife. Offen für etwaige Interessenten mit gleichen Ambitionen. Auskünfte beim Obmann.
Nächste Bahnstation:	Villach-West.

OBERÖSTERREICH

A-4160 Aigen im Mühlkreis

Meierhof **Reitclub Böhmerwald**

Telefon: (07281) 384, 300, von 7 bis 7 Uhr 30 bzw. ab 21 Uhr
Ruhetag: Keiner
Besitzer: Union Aigen-Schlägl

Hier stehen 10 Reitpferde (ungarisches, polnisches, österreichisches Warmblut, Haflinger).
Die Reitstunde mit Lehrer kostet S 70,–, der Zehnerblock S 600,–, die Stunde mit der Kutsche bzw. dem Schlitten S 250,– (für 4 Personen).
Zur Verfügung stehen: eine Reithalle 30 x 15, ein Viereck 20 x 40 sowie praktisch unbegrenzte Geländereitwege.
Unterricht im Geländereiten sowie in Dressur und Springen der Klasse A. Das österr. Reitsportabzeichen wird abgenommen. Kinderreiten auf Haflingern. In der Nähe etwa 150 Gästezimmer.
Noch Boxen und Stände frei: Monatspension S 1800,–, desgleichen für Kurzaufenthalte von Gastpferden.
Voranmeldung eher günstig.

Spezialität: Reizvolle Ausritte ins Mühltal und in den Böhmerwald. Kinderfreundliche Pferde, familiäres Klima. Kutschen- und Schlittenfahrten im Böhmerwald auf Privatstraßcn.
Nächste Bahnstation: Aigen-Schlägl.

A-4843 Ampflwang im Hausruckwald

Hausruckstraße 6 **Reitstall Hausruckhof**

Telefon: (7675) 421, am besten von 8–19 Uhr
Ruhetag: Keiner
Besitzer: Josef und Inge Mayr

Auf 68 Reitpferde (44 Warmblüter, 6 Haflinger, 18 Reitponys) hat es das Reiterdorf Ampflwang, dank der unermüdlichen Initiative des Reitsportspezialisten Josef Mayr, mittlerweile gebracht. Damit wurde Ampflwang, was Urlaub und Reiterei betrifft, zu einem der bekanntesten Orte in Österreich. Hier kann man nicht nur richtig reiten lernen, auch Dressuranhänger können in Ampflwang echt weiterkommen.

Ein Reitplatz, zwei Reithallen 16 x 32 und 20 x 45, ein Viereck 30 x 80 und praktisch unbegrenzte Ausrittmöglichkeiten auf gut ausgebauten Geländereitwegen. Unterricht in der Dressur bis Klasse M und Springen (Klasse A). Abnahme des österr. Reitsportabzeichens, Kinderreiten und Kinderkurse auf Ponys und Isländern. Kutschenfahrten.
120 eigene Gästezimmer. Ganzjähriger Betrieb.
CHR-Turnierveranstalter sowie Pony-Reiterspiele usw.
Privatpferdebox monatl.: S 3000,– Vollpension. Für den Urlauber mit Pferd: S 3600,– monatl. Auch Voltigieren.
Prospekte kostenlos. Voranmeldung nicht unbedingt nötig, aber eher günstig.

Spezialität: Ponyreitschule, Wanderreiten, Trekking, Anfänger- und Seniorenreitkurse usw.
Nächste Bahnstation: Vöcklabruck.

A-4820 Bad Ischl
Ahornstraße 28 **Reitstall Stadlmann**
Telefon: Keines
Ruhetag: Keiner
Besitzer: M. Stadlmann

6 Lipizzaner, auch für Anfänger geeignet.
S 80,– pro Reitstunde mit Lehrer, S 700,– der Zehnerblock.
Unterricht speziell im Geländereiten. Eigener Reitplatz vorhanden.
Ganzjährig geöffnet, ein eigenes Gästezimmer, auch Kutschenfahrten möglich.
Voranmeldung eher günstig.

Spezialität: Mehrstündige Ausritte.
Nächste Bahnstation: Bad Ischl.

A-4654 Bad Wimsbach-
Neydharting **Reitclub Wimsbach**
Telefon: (07245) 84 92 oder (07673) 332 (vormittags)
Ruhetag: Keiner
Besitzer: Ludwig Schauflinger

15 Reitpferde (Vollblut, Trakehner, Hannoveraner usw.) nur für fortgeschrittene Reiter (2–3jährige Reiterfahrung ist Minimum). Reitstunde: S 100,–.
Reitplatz, Reithalle 15 x 36, Viereck 20 x 40, ca. 20 km Geländereitwege.
Unterricht im Gelände, in der Dressur (Klasse L) sowie im Springen (Klasse M).
In der Nähe ca. 100 Gästezimmer. Ganzjähriger Betrieb.
Noch Boxen für Privatpferde frei: S 2000,– pro Monat (Vollpension), desgleichen für Urlaubseinstellung kurzfristig.
Voranmeldung eher günstig.

Spezialität: Private Atmosphäre, kein Massenbetrieb, schönes Augelände und Almen. Individuelle Betreuung. Dressur- und Springunterricht auf Wunsch möglich. Hochstehendes Pferdematerial. Auch Ausbildungsmöglichkeiten für Gastpferde.
Nächste Bahnstation: Bad Wimsbach.

A-4070 Eferding	
Oberschaden 18	**Erster Eferdinger Sportreiter-Verein**
Telefon:	(07222) 56 256, tagsüber
Ruhetag:	Keiner
Besitzer:	Verein (ASKÖ)
	12 Reitpferde (Warmblut) nur für eingetragene Mitglieder (auch Anfänger). Reitstunde S 50,–, mit Lehrer S 70,–. Ein Reitplatz, ein Viereck 20 x 60, 50 bis 60 km Geländestrecken. Unterricht in der Dressur A und L sowie im Springen (bis Klasse M). Kinderreiten und Voltigieren, letzteres auf Vereinskosten. Ganzjähriger Betrieb. Auch Kutschenfahrten. CHL/CHR-Turnierveranstalter. Privatpferdeeinstellplätze frei: S 2000,– monatl., für Kurzeinsteller S 3000,– monatl. (inkl. Koppel). Rechtzeitige Voranmeldung ist unbedingt nötig. Schriftverkehr nur an: Ing. Fred Prokop, Fahrschule Donauland, A-4020 Linz, Humboldstraße 48.
Spezialität:	Geländeritte mit Pferdeschwimmen, längere Ausritte, Fuchsjagden, Spazierritte usw.
Nächste Bahnstation:	Eferding.

A-4470 Enns, Steyrstraße 2	**URC-Derfflinger Enns**
Telefon:	(07223) 894
Ruhetag:	Montag
Besitzer:	Union-Reitclub-Derfflinger
	27 österreichische, ungarische und polnische Warmblutpferde, nicht nur für Clubmitglieder. Reitstunde mit Lehrer S 75,–, Ausrittstunde: S 95,–. Reitplatz, Halle 18 x 35, Viereck 20 x 80, 17,5 km Geländereitwege. Unterricht in Dressur und Springen bis zur Klasse L. Abnahme des österr. Reitsportabzeichens in Bronze. Ganzjähriger Betrieb. Turnierveranstalter von CHR und CHN. Keine freien Pferdeplätze. Voranmeldung nicht nötig.
Nächste Bahnstation:	Enns.

A-5131 Franking	
Holzoster 46	**Reitstall Rosengarten**
Telefon:	(06277) 82 44, ganztägig
Ruhetag:	Keiner
Besitzer:	Erich Bildl
	6 Reitpferde (3 Warmblüter und 3 New-Forest-Ponys) für alle reitsportbegeisterten Besucher. Reitstunde mit Lehrer S 70,– bis S 80,–, Zehnstundenblock S 600,– bis S 700,–. Ein Reitplatz, ein Viereck 20 x 40, 5 km Geländereitwege. Unterricht im Geländereiten sowie in Dressur und Springen (Klasse A). 6 eigene Gästezimmer. Ganzjährig geöffnet. Kutschenfahrten. Turnierveranstalter von CHL.

Noch Stände frei. Monatspension: ca. S 2100,–, für Urlauber mit Pferd: S 1800,–.
Voltigieren: S 50,– pro Stunde.
Eigene Prospekte. Voranmeldung unbedingt nötig.

Spezialität: Mehrstündige Ritte durch herrliche Moorseengebiete, hin bis zum Ibmer Moor, dem größten Hochmoor Mitteleuropas. Ungezwungenes Wanderreiten mit romantischen Rastmöglichkeiten, für Nichtreiter auch Kutschenfahrten zu den Moorseen.

Nächste Bahnstation: Lamprechtshausen.

A-4810 Gmunden

Römerstraße 4 **Freizeitfarm Moser – Pension »Galopp«**

Telefon: (07612) 43 23, 32 31

Ruhetag: Montag

Besitzer: Franz u. Gerlinde Moser

15 Reitpferde – 9 Warmblüter und 6 Haflinger – für jedermann.
S 80,– pro Reitstunde ohne, S 180,– pro Einzelstunde mit Reitlehrer, S 730,– für den Zehnstundenblock.
Reitplatz, Halle 20 x 40, Viereck 20 x 40, ca. 10 km Geländereitwege.
Unterricht in Dressur (Klasse L) und Springen (Klasse A). Abnahme des österr. Reitsportabzeichens. Kinderreiten (Ponys). 9 eigene Gästezimmer, jede Menge weiterer in der Nähe. Ganzjährig geführter Betrieb. Kutschenfahrten.
Boxen frei: monatl. S 2500,–. Im Urlaub mit dem Pferd: Tagessatz (Box): S 100,–.
Koppelaufenthalt: S 600,– (ohne Zusatzfutter).
Eigene Prospekte. Voranmeldung erbeten.

Spezialität: Tennishalle, Pferdealm, Sauna, Solarium, Swimming-pool. Preisnachlaß für Reiter im hauseigenen Tanzlokal. Spezialitätenrestaurant.

Nächste Bahnstation: Gmunden.

A-4563 Micheldorf

Atzelsdorf 3 **Reitergut Weißenhof**

Telefon: (07582) 26 09, am besten von 12–13 und 18–22 Uhr

Ruhetag: Keiner

Besitzer: Ernst u. Heide-Lore Veits

31 Reitpferde (Warmblut, Haflinger, Ponys) stehen in diesem Gestüts- und Reitbetrieb zur Verfügung.
S 70,– die Reitstunde ohne, S 100,– mit Lehrer, S 600,– der Zehnerblock, S 40,– die Ponyreitstunde.
Ein Reitplatz und ausgedehnte Geländereitwege. Ganzjähriger Betrieb.
Eigener Prospekt kostenlos. Voranmeldung eher günstig.

Spezialität: Ausritte von einer Stunde bis ganztägig. Waldreiche Gegend (Burgritte, Almritte). Ruhige, weitläufige Reitwege auch auf größerem Eigenbesitz. Kutschen- und Schlittenfahrten.

A-4143 Neustift/Mühlkreis
Oberaschenberg 5 **Reitstall Kainberger**
Telefon: (07284) 258, ganztägig
Ruhetag: Keiner
Besitzer: Max Kainberger

3 gutmütige Haflinger stehen den Gästen des Bauernhofes Kainberger zur Verfügung.
Reitstunde ohne Lehrer S 50,–, mit Lehrer S 70,–.
Reitplatz, Viereck 40 x 50, ausgedehnte Geländestrecken. Auch Kinderreiten.
8 eigene Gästezimmer. Ganzjähriger Betrieb.
Urlaub mit dem eigenen Pferd ist möglich. Monatspension: S 1500,– (ebenso für Koppelaufenthalt).
Eigene Prospekte kostenlos. Voranmeldung unbedingt notwendig.

Spezialität: »Urlaub vom Ich« in noch unverfälschter Natur, fernab vom Lärm, mitten im Grünen in reiner Luft. Ein Urlaub mit oder ohne eigenem Pferd lohnt sich am »Woadhof« ganz bestimmt.
Nächste Bahnstation: Neufelden.

A-4490 St. Florian bei Linz
Oberndorf 3 **Union-Reitclub Markt St. Florian**
Telefon: (07223) 47 24, am besten von 20–22 Uhr
Ruhetag: Keiner
Besitzer: Kurt u. Irmgard Siegl, Pächter

Im Club stehen 7 Warm- und Vollblüter. Hier können nur eingetragene Mitglieder reiten, denen Reitplatz, Reithalle (12 x 30) zur Verfügung stehen. Unterricht ist möglich. Gästezimmer in der Nähe.
Noch freie Privatpferdeboxen. Monatspension: S 1200,–, desgleichen auch für kurze Zeit (Urlaub usw.). Äußerst günstiger Preis für Koppelaufenthalte: S 500,– monatl.

Nächste Bahnstation: Enns.

A-4152 Sarleinsbach 113 **Reitstall Haus Mandl**
Telefon: (07283) 227, von 9–21 Uhr, täglich
Ruhetag: Montag
Besitzer: A. u. M. Mandl

6 Haflinger garantieren auch Anfängern schon bald das erste Reitvergnügen.
Reitstunde mit Lehrer S 65,–, Zehnstundenblock S 550,–.
Ein Reitplatz und 25 km Gelände. 8 eigene Gästezimmer. Ganzjähriger Betrieb.
Prospekt kostenlos. Voranmeldung eher günstig.

Spezialität: Gesellige Kutschenfahrten in die nahe gelegenen Mischwälder und zu Mühlen. Gemütliches Ausreiten für die ganze Familie. Kinder und gutmütige Pferde verstehen einander auf Anhieb, so daß der Nachwuchs auch im Stall mithelfen darf. Reitlehrer für Anfänger. Wirt ist naturheilkundig (biologische Mischkost).
Nächste Bahnstation: Neufelden oder Rohrbach.

A-4780 Schärding

Kainzbauernweg 132	**Reit- und Fahrverein Schärding**
Telefon:	(07712) 21 01
Ruhetag:	Keiner
Besitzer:	Reit- und Fahrverein Steyr

14 Warmblutpferde nur für eingetragene Mitglieder.
S 80,– pro Reitstunde mit Lehrer, S 700,– der Zehnerblock.
Reitplatz, Halle 8 x 16, Viereck 20 x 40.
Unterricht in Dressur und Springen bis Klasse L. Abnahme des österr. Reitsportabzeichens. CHL-Veranstalter.
Keine freien Pferdeplätze.

Nächste Bahnstation: Schärding.

A-4863 Seewalchen am Attersee

Haining 5	**Union Reitverein Seewalchen am Attersee**
Telefon:	Keines
Ruhetag:	Keiner
Besitzer:	Franz Fürthauer (Stall), Reitverein (Reithalle)

40 Warmblutpferde stehen den Mitgliedern des Vereins zur Verfügung, auch Anfänger werden aufgenommen.
S 80,– pro Reitstunde mit Lehrer, S 700,– der Zehnstundenblock.
Ein Reitplatz, Halle 20 x 60 und etwa 10 km Geländereitwege sind vorhanden.
Unterricht in Dressur und Springen bis Klasse L. Abnahme des österr. Reitsportabzeichens.
6 eigene Gästezimmer, etwa 20 weitere in der Nähe. Ganzjähriger Reitbetrieb.
Turnierveranstalter bis CHN. Keine Einstellplätze frei.
Voranmeldung erwünscht.

Spezialität: Mehrstündige und tageweise Ausritte.
Nächste Bahnstation: Kammer-Schörfling.

A-4400 Steyr

Ennser Straße 20	**Reitclub Steyr**
Telefon:	(07252) 37 632, 35 61, von 8–12 und 15–18 Uhr
Ruhetag:	Freitag
Besitzer:	RC Steyr

Reitbetrieb auf Clubbasis, in dem derzeit 20 Trakehner, Holsteiner, ungarische und polnische Warmblutpferde stehen.
Reitstunde mit Lehrer: S 120,–, Zehnstundenblock: S 700,–.
Reitplatz, Halle 20 x 40, Reitviereck 20 x 60, 10 km Geländereitwege.
Unterricht in Dressur und Springen bis Klasse L. Abnahme des österr. Reitsportabzeichens in Bronze. Einige Gästezimmer in der Nähe.
Noch Platz für Privatpferde in Ständen und Boxen, Preis auf Anfrage. Kosten für Urlauber mit Pferd: S 2000,– monatl.
Voranmeldung nötig.

Nächste Bahnstation: Steyr.

A-4870 Vöcklamarkt
Marktstraße 2a **Union-Reitclub St. Leonhard**

Dieser Reitverein besitzt selbst keine Pferde (nur Mitglieder-Privatpferde), während die Schulpferdebenützer auf die Pferde des Attergauer Reitsportzentrums Schoberhof angewiesen sind, das an anderer Stelle in diesem Kapitel genau beschrieben ist.

A-4600 Wels
Dragonerstraße 44 **Länderbank-Reiterbund Wels**

Telefon: (07242) 64 82, am besten Dienstag bis Samstag von 7–11 und 17–20 Uhr
Ruhetag: Montag
Besitzer: Reiterbund Wels. Obmann: Ing. Helmut Günther, A-4600 Wels, Linzer Straße 179

29 Reitpferde verschiedener Abstammung für Mitglieder sowie für deren Gäste (auch Anfänger).
Gastreitstunde S 80,–, Mitglieder-Zehnerblock S 500,–.
Reitplatz, Reithalle 20 x 40, Reitviereck 20 x 60, 2000 m Geländestrecke.
Unterricht in Dressur bis Klasse L, im Springen bis Klasse M. Abnahme des österr. Reitsportabzeichens. Zahlreiche Gästezimmer in der Nähe. CHL/CHR-Veranstalter.
Noch Stände und Boxen frei: S 2100,– monatl., für kurzfristige Einstellung: S 2400,–.
Voranmeldung unbedingt nötig.

Spezialität: Mehrstündige Ausritte, Dressur- und Springtraining in der Halle und dem Freireitplatz.
Nächste Bahnstation: Wels.

A-3335 Weyer **Reitclub Edelweiß Weyer**

Telefon: (07447) 531, von 8–20 Uhr
Ruhetag: Keiner
Besitzer: Verein. Obmann: Johann Krenn, Pension Edtbauer, Mühlein 3

10 gut zugerittene Haflinger für jedermann.
S 60,– pro Reitstunde ohne, S 100,– mit Lehrer.
Reitplatz, Viereck 40 x 60, Geländestrecken bis 6 km Länge.
Unterricht im Geländereiten, Dressur (A/L) und Springen (A/L). Auch Kinderreiten auf den gutmütigen Haflingern. 20 eigene Gästezimmer. Ganzjährig geöffnet (von 6–19 Uhr). Kutschenfahrten. CHR-Turnierveranstalter (Haflinger).
Noch Einstellplätze frei: S 1000,– monatl., desgleichen für Urlaubseinstellung.
Voltigieren: S 50,– pro Reitstunde.
Eigener Prospekt anforderbar. Voranmeldung eher günstig.

Spezialität: Turnierreiten (Vielseitigkeit), Voltigieren und ausgedehnte Kutschenfahrten. Da der Verein im oberösterreichischen Haflingerzuchtgebiet liegt, sind vorwiegend Haflinger eingestellt, doch gibt es auch Privatpferde anderer Abstammung.
Nächste Bahnstation: Weyer an der Enns.

A-4871 Zipf, Zeiling 10 **Attergauer Reitsportzentrum »Schoberhof«**

Telefon: (07682) 475

Ruhetag: Keiner

Besitzer: Franz u. Antonia Gebetsberger

Sowohl Fortgeschrittene als auch Anfänger können hier auf 30 österreichischen Warmblutpferden, Hannoveranern usw. den Reitsport ausüben.
Kosten: S 70,– pro Reitstunde ohne Lehrer, S 650,– für den Zehnstundenblock, S 120,– pro Springstunde mit Lehrer, S 150,– pro Dressureinzelstunde mit Lehrer (bis Klasse M).
Zur Verfügung stehen ein Reitplatz, eine Halle 20 x 40, ein Viereck 20 x 60 sowie etwa 3,5 km Geländereitwege.
Unterricht in der Dressur bis Klasse M, im Springen bis Klasse L. Das österr. Reitsportabzeichen wird abgenommen. Kinderreiten auf Ponys möglich.
Der Betrieb verfügt über 25 eigene Gästezimmer, weitere 20 sind in unmittelbarer Nähe vorhanden. Ganzjährig geöffnet.
Auch Kutschenfahrten werden organisiert. An Turnieren gibt es nationale CHL-Bewerbe.
Noch sind Privatboxen frei: S 1800,– monatl. Die kurzfristige Einstellung eines Gastpferdes kostet S 2400,– monatl. Koppelaufenthalte und voltigieren: Preise nach Vereinbarung mit der Clubleitung.
Voranmeldung unbedingt nötig.

Spezialität: Herrliche Ausritte im Attergau – Hausruck und Kobernaußerwald – mit reiterlich interessanten Galoppstrecken entlang der Flüsse auf weichen Au- und Wiesenwegen.

Nächste Bahnstation: Vöcklamarkt.

SALZBURG

A-5351 Aigen-Voglhub 8 — **Reitstall Wolfgangsee**

Telefon: (06138) 483, am besten von 8–18 Uhr
Ruhetag: Keiner
Besitzer: H. Gastberger

14 Reitpferde (Warmblut) für jedermann.
S 90,– pro Reitstunde ohne, S 140,– mit Lehrer. Zehnstundenblock S 700,–.
Reitplatz, Halle 20 x 40, Viereck 20 x 40, ca. 30 km Geländewege. Unterricht im Geländereiten. Kinderreiten. Kutschenfahrten. Ganzjährig geöffnet.
Einstellplätze frei: S 2500,– monatl., für Urlauber mit Eigenpferd S 2800,–.
Prospekt kostenlos. Voranmeldung unbedingt nötig.

Spezialität: Längere Ausritte durch die zauberhafte Natur rund um den Wolfgangsee. Sonnige Wiesen, dunkle Wälder und geheimnisvolle Pfade kann man hier vom Pferderücken aus erforschen. Fröhliche Abende mit klingenden Gläsern und der nötigen Portion Reiterlatein werden garantiert.

Nächste Bahnstation: Bad Ischl.

A-5640 Badgastein
Kötschachdorf 2 — **Reitclub Badgastein**

Telefon: (06434) 28 47, am besten von 8–11 und 15–18 Uhr
Ruhetag: Montag
Besitzer: Verein. Obmann: Bürgermeister Dir.-Rat Rudolf Fernather

16 Reitpferde (Holländer, Trakehner, polnisches Warmblut usw.). Auch Anfänger können hier reiten bzw. Unterricht erhalten.
Reitstunde mit Lehrer S 120,–, Zehnstundenblock S 800,–.
Reitplatz, Halle 20 x 40, Viereck 20 x 40, ca. 5 km Geländereitwege.
Unterricht im Gelände, in der Dressur (bis Klasse L), Springen (bis Klasse L). Abnahme des österr. Reitsportabzeichens. Jede Menge Gästezimmer in der Umgebung. Ganzjähriger Betrieb. CHR-Turnierveranstalter.
Stände und Boxen frei: S 2800,– Monatspension. Bei Urlaub mit dem eigenen Pferd: S 110,– pro Tag. Voltigierpferd pro Stunde: S 120,–.
Eigener Prospekt. Voranmeldung eher günstig.

Nächste Bahnstation: Badgastein.

A-5165 Berndorf bei Salzburg 197 — **Reitstall Grundtner**

Telefon: (06217) 82 40, am besten abends
Ruhetag: Keiner
Besitzer: Josefa Grundtner

6 Reitpferde (Warmblut und Haflinger) für Anfänger und Fortgeschrittene.
S 60,– pro Reitstunde.
Kinderreiten auf den Haflingern. 3 eigene Gästezimmer, weitere im Ort. Ganzjähriger Betrieb.
Privatpferdeeinstellung möglich. Preis nach Vereinbarung von S 1000,– bis S 2000,– monatl. Auch Koppelaufenthalte.
Eigene Pferdezucht. Schwergewicht auf Freizeitreiten zur Entspannung und Erholung.
Voranmeldung eher günstig.

Spezialität: Geländeritte durch prächtige Gegend (ca. 20 km Geländereitstrecken).
Nächste Bahnstation: Seekirchen-Mattsee.

A-5431 Kuchl, Georgenberg — **Reitstall Eßl**

Telefon: (06244) 82 48
Ruhetag: Montag
Besitzer: Verein. Reitstall: Rupert Wimmer u. Walter Myslik

30 Reitpferde (Deutsche, Holländer, Irländer) für Anfänger und Fortgeschrittene.
Ein Reitplatz, Halle 17 x 38, Viereck 20 x 40.
Unterricht in Dressur und Springen bis zur Klasse M. Abnahme des österr. Reitsportabzeichens. CHR-Turnierveranstalter.
Noch Boxen frei: S 2500,– monatl.

Nächste Bahnstation: Kuchl.

A-5761 Maria Alm 18 — **Pferdevermietung Melchamhof**

Telefon: (06584) 242, ganztägig
Ruhetag: Sonntag
Besitzer: Hans Rainer

4 prächtige Hannoveraner erwarten Sie hier für ein- und mehrstündige Ausritte.
S 90,– pro Reitstunde mit Lehrer, S 800,– für den Zehnstundenblock, S 160,– pro Longestunde/Springstunde.
Ein Reitplatz, ein Viereck 20 x 40.
Kinderreiten auf einem Pony. 4 Gästezimmer, 1 Vier-Personen-Appartement.
Privatpferde: S 100,– pro Einstelltag, S 3000,– monatl. Koppelaufenthalte: S 1500,– monatl.
Prospekte kostenlos. Voranmeldung unbedingt nötig.

Spezialität: Schöne Ausritte in die Umgebung von Maria Alm.
Nächste Bahnstation: Saalfelden.

A-5741 Neukirchen am Großvenediger — **Reit- und Tenniscenter Neukirchen**

Telefon: (06565) 368
Ruhetag: Keiner
Besitzer: Hanspeter Gantner

20 Reitpferde für alle am Reitsport interessierten Gäste. Durchwegs Warmblüter österreichischer und ungarischer Abstammung.
S 90,– pro Reitstunde mit Lehrer, Zehnerblock S 800,–, Dreitagesritte S 1200,–.
Ein Viereck 20x40 für den Unterricht und praktisch unbegrenzte Geländestrekken für Ausritte.
Unterricht bis Klasse A. Kinderreiten auf Kleinpferden. 30 eigene Gästezimmer. Der Betrieb ist ganzjährig geöffnet.
Eigene Prospekte kostenlos. Voranmeldung eher günstig.

Spezialität: Mehrtägige Ritte in die herrliche Umgebung, ins Krimmler Achental, entlang reißender Gebirgsbäche und über endlos scheinende Wiesenwege sind die Besonderheit des gästefreundlichen Reit- und Tenniscenters, wo ein Reiterstüberl und Grillfeste für die nötige Atmosphäre sorgen. Die Gantners sind mehr als eine der üblichen Reitpferdevermietungen. Hier wird Familienanschluß großgeschrieben, man ist Stammgast innerhalb weniger Stunden. Für die Kleinsten sorgt der hauseigene Kindergarten.

Nächste Bahnstation: Neukirchen am Großvenediger.

A-5521 Niedernfritz 34 — **Reitschule Steiner**

Telefon: (06464) 206
Ruhetag: Montag
Besitzer: Marianne Steiner

20 Reitpferde (Haflinger, Araber, ungarisches Halbblut) stehen in diesem Jugendheim bzw. in dieser Pension allen Reitsportbegeisterten zur Verfügung.
S 70,– pro Reitstunde ohne, S 80,– mit Lehrer, Zehnstundenblock S 700,–.
Reithalle 21x50, Reitviereck 20x20, ca. 5 km Geländereitwege. 25 eigene Gästezimmer. Ganzjähriger Betrieb.
Eigener Prospekt kostenlos. Voranmeldung unbedingt notwendig.

Spezialität: Mehrstündige Ausritte, Tagesritte abseits der Straßen durch herrliche unberührte Natur. Spielwiesen, gute Küche, Spielsäle und Mehrbettzimmer sind besonders für Aufenthalte Jugendlicher geeignet.

Nächste Bahnstation: Eben im Pongau.

A-5562 Obertauern — **Verkehrsverein Obertauern**

Telefon: (06466) 252, von 8–12, 14–18 Uhr, wochentags
Ruhetag: Sonntag
Besitzer: Verkehrsverein Obertauern

Hier kann jedermann auf einem der sechs lammfrommen Haflinger reiten. Die Reitstunde kostet S 80,–, der Halbtagesritt S 150,–. Geritten wird durchwegs im etwa 40 km großen abwechslungsreichen Gelände. Auch Unterricht ist möglich.

Gästezimmer mit insgesamt 1500 Betten. Reitbetrieb nur im Sommer (1. Juli bis ca. 15. September).
Eigene Ortsprospekte sind kostenlos anzufordern. Voranmeldung nicht notwendig.

Spezialität: Wanderreiten auf Haflingern im alpinen Gelände.
Nächste Bahnstation: Radstadt.

A-5760 Saalfelden am Steinernen Meer, Haid 31 — **Reitgestüt Waldeck**
Telefon: (06582) 32 33 oder (06542) 21 88
Ruhetag: Montag
Besitzer: Reitgestüt Waldeck Ges. m. b. H. & Co. KG

30 turniererfahrene Reitpferde für Springen und Dressur.
Pferdemietgebühr: S 100,– pro Stunde plus Reitlehrer S 120,– = S 220,–.
Zur Verfügung stehen ein Reitplatz, eine Reithalle 20 x 40, ein Reitviereck 20 x 60 und etwa 30 km Geländereitstrecken.
Unterricht in der Dressur bis Klasse M, im Springen bis Klasse S.
Österr. Reitsportabzeichen. Kinderreiten nicht unter 10 Jahren. Etwa 20 Gästezimmer in der Nähe (Seehöhe 700 m). Ganzjähriger Betrieb. Turnierveranstalter für CHA, CHI.
Noch Boxen frei: S 120,– pro Tag, S 3600,– monatl.
Voranmeldung ist Bedingung.

Spezialität: Reiterausbildung bis zur Turnierreife, ebenso für Pferde. Korrektur und Ausbildung von Turnierpferden, Anreiten junger Pferde (Dressur, Springen, Military). Ausbildung auch mit dem eigenen Pferd.
Nächste Bahnstation: Saalfelden.

A-5201 Seekirchen, Wimm 9 — **Reiterhof Seekirchen-Haregg**
Telefon: (06212) 436, von 8–22 Uhr, täglich
Ruhetag: Montag
Besitzer: Christine u. Franz Mösl

52 Reitpferde der verschiedensten Rassen für fortgeschrittene Reiter, aber auch für Anfänger.
Reitstunde mit Lehrer S 80,–, Zehnstundenblock S 700,–, Einzelstunde S 140,–.
Reitplatz, Reithalle 20 x 40, Viereck 20 x 60, 6 km Geländereitwege.
Unterricht in Dressur und Springen bis Klasse L. Abnahme des österr. Reitsportabzeichens. Ganzjähriger Betrieb.
Jede Menge Gästezimmer in der Nähe. Turnierveranstalter CHL, CHR, CHN.
Keine Plätze für Privateinsteller mehr.
Voranmeldung eher günstig.

Spezialität: Wochenritte in Begleitung eines Planwagens im Zeitraum September/Oktober.
Nächste Bahnstation: Seekirchen.

A-5700 Zell am See

Porscheallee — **Porsche Reitanlagen**

Telefon: (06542) 33 62, von 8–11 und 15–19 Uhr (täglich)

Ruhetag: Montag

Besitzer: Porsche KG

15 Reitpferde verschiedener Abstammung, auch für Anfänger geeignet.
Reitstunde mit Lehrer S 110,–, Zehnstundenblock S 1000,–.
Ein Reitplatz, Halle 20 x 40, Viereck 20 x 60 und etwa 10 km Geländestrecken.
Unterricht in der Dressur bis Klasse M, im Springen bis Klasse S.
Ganzjährig geöffnet. Fremdenzimmer in der Nähe. Kutschenfahrten. Turnierveranstalter CHR und CHN.
Boxen frei. Monatspension S 3300,–, für Urlaub mit Pferd S 150,– pro Tag.
Prospekte kostenlos. Voranmeldung eher günstig.

Spezialität: Deutscher Reitlehrer mit internationaler Turniererfahrung. Mehrstündige Ausritte usw.

Nächste Bahnstation: Zell am See.

TIROL

A-6071 Aldrans
Rößlhof **Reitverein St. Martin**
Telefon: (05222) 41 81 15, am besten nach 19 Uhr
Ruhetag: Montag
Besitzer: Ingrid Czüschek

7 Reitpferde verschiedener Rassen, darunter Haflinger, für jedermann, auch Anfänger.
S 50,– bis S 90,– pro Reitstunde mit Lehrer, S 400,– bis S 750,– der Zehnstundenblock (je nach Pferd).
Ein Reitviereck 20 x 40, ca. 5 km Geländereitwege.
Unterricht im Geländereiten sowie in Dressur bis Klasse L. Ponyreiten für Kinder. Ganzjährig geöffnet.
Noch Platz für Privatpferde: S 2000,– monatl., für Kurzeinsteller: S 2500,–. Koppelaufenthalt: S 700,–.
Rechtzeitige Voranmeldung nötig.

Spezialität: Lehrstunden an der Longe, rasches Vermitteln der Grundbegriffe des Reitsports. Schwergewicht des Unterrichts auf Kinderreiten bzw. Reiten für Jugendliche.
Nächste Bahnstation: Innsbruck.

A-6633 Biberwier **Reitstall Pension Müllerhof**
Telefon: (05673) 23 44, ganztägig erreichbar
Ruhetag: Keiner
Besitzer: Hans Luttinger

14 österreichische Haflinger für jedermann.
S 80,– pro Reitstunde, S 700,– für den Zehnstundenblock.
Geländeritte. Kein Unterricht.
12 eigene Gästezimmer, weitere in der Nähe. Einstellmöglichkeit für Privatpferde, Preis nach Absprache.
Voranmeldung unbedingt nötig.

Spezialität: Spazierritte zu schönen Bergseen.
Nächste Bahnstation: Ehrwald oder Lermoos (3 km).

A-6611 Heiterwang

Enet der Ach 4 — **Pferdevermietung Heiterwangerhof**

Telefon: (05674) 29 104, ganztägig

Ruhetag: Keiner

Besitzer: Willi Leitinger

5 Isländer sind nahe dem Heiterwangerhof, der Zimmer und Ferienwohnungen vermietet, in einem Bauernhof untergebracht.
S 80,– pro Reitstunde mit Lehrer, S 700,– der Zehnstundenblock.
Neben einem Viereck 15 x 20 vor allem Spazierritte in der prächtigen Umgebung.
20 eigene Gästezimmer. Ganzjähriger Betrieb. Anmeldungen direkt beim Reitlehrer, Herrn Erich Moosbrugger, erbeten.
Eigene Prospekte. Voranmeldung eher günstig.

Nächste Bahnstation: Heiterwang.

A-6370 Kitzbühel

Unterbrunnweg 21 — **Reitstall Henntalhof**

Telefon: (05356) 46 24, ganztägig

Ruhetag: Keiner

Besitzer: Franz Gasteiger

10 Reitpferde – 8 Haflinger und 2 Ponys – für alle am Pferd und am Pferdesport interessierten Urlauber und Reitgäste.
S 80,– pro Reitstunde mit Lehrer, S 700,– der Zehnstundenblock.
Eigener Reitplatz, ein- oder mehrstündige Ausreitmöglichkeiten ins Gelände. Kinder reiten auf einem der beiden Ponys. 5 eigene Gästezimmer. Ganzjährig geöffnet, wobei das Schwergewicht im Sommer auf der Reiterei, im Winter auf Schlittenfahrten liegt.
Voranmeldung eher günstig.

Spezialität: Sommerausritte, auch ganztägig, über Almen, vor allem im Herbst besonders reizvoll. Im Winter Schlittenfahrten auf eigenen Schlittenwegen durch Kitzbühels schöne Umgebung.

Nächste Bahnstation: Kitzbühel.

A-6345 Kössen 288 — **Reitstall Gasthof Post**

Telefon: (05375) 276

Ruhetag: Keiner

Besitzer: Erwin Stern

10 Warmblutpferde stehen hier in jenen Stallungen, die einstens die Pferde der Postkutschen beherbergten.
S 100,– für die Einzelstunde mit Lehrer, S 750,– bis S 850,– für den Zehnerblock.
Unterricht durch geprüften Reitlehrer (British Horse Society-Instructor-Assistant).
Ein Reitviereck 20 x 50 ist vorhanden. Vorwiegend wird im Gelände geritten. Dressuren und Springen bis Klasse A.

	10 eigene Gästezimmer, in der Nähe Privatpensionen. Ganztägige Ausritte im Frühjahr und Herbst. Eigene Prospekte kostenlos. Voranmeldung günstig.
Spezialität:	7 Tage Vollpension mit täglicher Reitstunde und Lehrer: S 1700,–.
Nächste Bahnstation:	St. Johann in Tirol.

A-6105 Leutasch	**Reitstall Wackerle**
Telefon:	(05214) 366
Ruhetag:	Sonntag (Hauptsaison)
Besitzer:	Paul Wackerle
	7 Reitpferde (österreichisches Warmblut, Hannoveraner) für den Hobbyreiter. Pro Reitstunde mit Lehrer S 80,–, Zehnstundenblock S 700,–, Tagesritt S 450,–, Zweitagesritt S 950,–. Reitplatz, Viereck 20 x 40 und ca. 70 km Geländestrecken vorhanden. Unterricht vorwiegend im Geländereiten. 5 eigene Gästezimmer, jedoch genügend in unmittelbarer Umgebung. Noch Boxen für Privatpferde frei, S 2500,– monatl. (Vollpension). Gleicher Satz für Kurzeinstellung von Privatpferden während eines Urlaubs. Prospekte kostenlos. Rechtzeitige Voranmeldung eher günstig.
Spezialität:	Mehrstündige Ritte auf die umliegenden Almen, Tagesritte bis zum Fuß der Zugspitze über Ganghoferhaus, Gaistal, Igelsee, Seebenalm, Seebensee und Drachensee. Aber auch Zweitagesritte mit Übernachtung in einer romantischen Almhütte. Schlittenfahrten auf Spezialwegen mit Hüttenabend (Nachtfahrt).
Nächste Bahnstation:	Seefeld.

A-6290 Mayrhofen 307	**Reitschule Wechselberger**
Telefon:	(05285) 894, 28 94, am besten von 7–20 Uhr
Ruhetag:	Keiner
Besitzer:	Heinrich Wechselberger
	20 Reitpferde (Warmblut, Haflinger). Pferdevermietung mit Reitschule für Anfänger und Fortgeschrittene. S 80,– pro Stunde ohne, S 100,– mit Lehrer. S 120,– die Privatstunde, S 600,– der Zehnstundenblock. Reitplatz, Halle 12 x 30, Viereck 20 x 60, ca. 10 km Geländestrecken. Unterricht in Dressur (bis Klasse M) und Springen (Klasse A). Eigenes Leistungsabzeichen. Kinderreiten auf Ponys. Eigenzucht mit 5 Mutterstuten. 20 eigene Gästezimmer. Kutschenfahrten. Ganzjährig geöffnet. Noch freie Stände (Boxen) S 1500,– (S 2000,–). Für Urlauber mit eigenem Pferd: S 1000,– wöchentl. Voltigieren: S 100,– pro Stunde. Eigene Prospekte kostenlos. Voranmeldung unbedingt nötig.
Spezialität:	Sonntagsausflüge mit Lagerfeuer, Fackelritte, einmal wöchentlich Morgenritt mit Jausenpause. Tägliches Wanderreiten auf Haflingern (im Schritt). Abteilungsreiten und Musikreiten. Im Winter: Schikjöring und Schlittenfahrten.
Nächste Bahnstation:	Mayrhofen.

A-6142 Mieders 18 — **Pferdevermietung Ferchenhof**

Telefon: (05225) 26 68, am besten von 8–20 Uhr erreichbar
Ruhetag: Keiner
Besitzer: Reinhold Lener

7 Haflinger, auch für Anfänger bestens geeignet. Hier wird in Gruppen mit Begleitung ins prächtige Gelände geritten.
Reitstunde S 70,–.
6 eigene Gästezimmer. Betrieb von Mai bis Oktober.
Voranmeldung eher günstig.

Spezialität: Ein- und Zweistundenritte durch Wiesen und Wälder.
Nächste Bahnstation: Innsbruck.

A-6574 Pettneu am Arlberg — **Sportranch Otzenbach**

Telefon: (05448) 352, 226, ganztägig
Ruhetag: Montag
Besitzer: Georg Gröbner

9 Reitpferde (Haflinger, Lipizzaner usw.) für Anfänger und Fortgeschrittene.
Ausritt mit Begleitung S 90,–, 2 Stunden S 160,–, Reitstunde mit Lehrer S 130,–, Zehnstundenblock S 800,– sowie Spezialarrangements.
Reitplatz, Halle 15 x 20 und Geländereitwege bis zu 50 km.
Unterricht in der Dressur und im Springen (Klasse A).
Kinderreiten auf Haflingern. Gästezimmer in der Nähe. Betrieb: 1. Mai bis 15. November.
Noch Boxen für Privatpferde frei: S 1600,– monatl., Urlauber mit Pferd: S 1800,–.
Eigene Prospekte kostenlos. Voranmeldung unbedingt nötig.

Spezialität: Geländeritte mit Flußdurchquerungen und Überwindung vieler natürlicher Hindernisse. Im Herbst Ein- bis Sechstageritte.
Nächste Bahnstation: Pettneu am Arlberg.

A-6100 Seefeld in Tirol
Reitherspitzstraße 179 — **Reitstall Seefeld**

Telefon: (05212) 554
Ruhetag: Montag
Besitzer: Hans Nairz

12 Vollblut- und Warmblutpferde für Fortgeschrittene und Anfänger.
Eine Reitstunde ohne Lehrer S 100,–, eine Doppelstunde S 180,– (z. B. Ausritt).
Voltigieren: S 20,– pro Kind und Lektion.
Ein Viereck 20 x 40, Geländereitwege bis zu 30 km.
Unterricht in Dressur und Springen bis Klasse L. Kinderreiten auf Ponys. Kutschenfahrten für Nichtreiter. Ganzjährig geöffnet. 21 eigene Gästezimmer. Turnierveranstalter (CHL/CHR).
Eigene Prospekte kostenlos. Voranmeldung eher günstig.

Nächste Bahnstation: Seefeld in Tirol.

A-6060 Solbad Hall in Tirol
Gnadenwald St. Martin — **Reitsportzentrum Gnadenwald**
Telefon: (05223) 25 17
Ruhetag: Montag
Besitzer: Christine Schwaighofer

10 Reitpferde für jedermann.
S 100,– pro Reitstunde mit Lehrer, S 150,– pro Fahrstunde (Kutsche).
Reitplatz, Halle 18 x 36, Viereck 20 x 60 und etwa 50 km Geländereitwege.
Unterricht im Geländereiten, Dressur bis Klasse M, Springen bis Klasse L. Abnahme des österr. Reitsportabzeichens. Kinderreiten auf Kleinpferden. Betrieb ganzjährig. 50 Gästezimmer in der Nähe.
Noch Einstellplätze für Privatpferde frei: S 3000,– monatl., desgleichen für Urlaub mit eigenen Pferden.
Voranmeldung unbedingt nötig.

Spezialität: Ausritte in herrlicher Landschaft.
Nächste Bahnstation: Hall in Tirol.

A-6682 Vils, Stadtplatz 5 — **Reitstall Peter Petz**
Telefon: (05677) 257, am besten um 12 Uhr oder ab 19 Uhr
Ruhetag: Keiner
Besitzer: Familie Petz

12 Reitpferde (Warmblut, Araber, Westfalen) sowie 5 Shetlandponys für Reiter und deren Familien.
S 95,– pro Reitstunde ohne, S 115,– mit Lehrer, S 77,– pro Stunde (1 Fünfzigstundenblock).
Ein Reitplatz sowie praktisch unbegrenzte Geländereitwege stehen zur Verfügung.
Kutschenfahrten werden organisiert, ebenso gibt es Kinderreiten auf den Shetlandponys. 3 eigene Gästezimmer im ganzjährig geöffneten Betrieb.
Noch Boxen frei: S 2100,–monatl. (ebenso kurzfristig). Koppelaufenthalte: S 700,– monatl.
Eigene Prospekte kostenlos. Voranmeldung unbedingt notwendig.

Spezialität: Tagesritte und Zweitagesritte, Nachtritte mit Geselligkeit beim Lagerfeuer.
Nächste Bahnstation: Vils.

A-6134 Vomp — **Reitschule Vomperberg**
Telefon: (05242) 21 31, 20 34, ganztägig
Ruhetag: Montag
Besitzer: Irmgard Bernhardt

40 Araber, Warmblüter, Haflinger und Ponys für Fortgeschrittene und Anfänger.
In der Hauptsaison kosten: Reitstunde mit Lehrer S 100,–, der Zwanzigstundenblock S 1800,–, für Hausgäste bzw. Nachsaison S 1500,–.
Es gibt Reitplatz, Reithalle 20 x 40, Viereck 15 x 20 und Gelände. Unterricht im Geländereiten, Dressur und Springen bis zur Klasse LM. Die Erwerbung des österr. Reitsportabzeichens ist möglich. Ponyreiten für Kinder.

70 eigene Gästezimmer im ganzjährig geöffneten Betrieb. Kutschenfahrten. Privatpferdeeinstellung S 3000,– monatl. Für Kurzurlaube der gleiche Kostensatz. Turniere: CHL. Voltigieren.
Eigene Prospekte kostenlos. Voranmeldung in der Hauptsaison unbedingt, in der Nachsaison nicht notwendig.

Spezialität: Reitausbildung für Anfänger und Fortgeschrittene. Jugendreitlehrgänge mit Stall- und Pferdepflege. Mehrstündige Ausritte (nur für gute Reiter). Araber und Warmblutzucht (2 gekörte Araberhengste), 7 Haupt-Zuchtbuch-Stuten, Reiterstube (120 Plätze) mit Blick in die Reithalle, Reiterboutique mit kompletter Ausrüstung für Pferde und Reiter.

Nächste Bahnstation: Schwaz.

A-6311 Wildschönau-Oberau **Haflingerhof**

Telefon: (05332) 81 31 11, jederzeit

Ruhetag: Keiner

Besitzer: Josef Berger

16 Pferde (Araber, Haflinger, Ponys) für alle Reitsportfreunde.
S 80,– pro Reitstunde mit Lehrer, S 420,– der Sechsstunden-, S 740,– der Zwölfstundenblock.
Reitplatz, Reithalle 20 x 40, Viereck 40 x 60. Unterricht. Kinderreiten auf Ponys. 45 eigene Gästezimmer.
Reitbetrieb vom 20. 4. bis jeweils 20. 10., Kutschenfahrten vom 20. 12. bis 20. 4.
Noch freie Einstellplätze: S 2400,– monatl. Pferdevollpension, desgleichen für Kurzeinsteller. Koppelaufenthalt: S 1500,–.
Eigener Prospekt kostenlos. Voranmeldung eher günstig.

Spezialität: Anfängerkurse jeder Altersklasse.

VORARLBERG

A-6804 Feldkirch, Postfach 12
Standort: Feldkirch-Altenstadt, Klosterstraße 22 — **Reitverein Feldkirch**

Telefon: (05522) 52 432, Stall: 32 393, ganztägig
Ruhetag: Keiner
Besitzer: Verein

11 Reitpferde verschiedener Rassen für Mitglieder und Gäste.
Reitstunde für Nichtmitglieder: S 95,–, Jugend: S 80,–. Reitstunde für Mitglieder: S 85,–, Jugend: S 70,–. Zehnerblock: S 750,–, Jugend: 600,– (nur Mitglieder). Quantitativ größere Blöcke noch günstiger.
Privatpferdebox: S 2500,– monatl. (auch kurzfristig möglich), pro Tag: S 120,–.
Ein Reitplatz, Reithalle 20 x 40 (im Bau), Reitviereck 20 x 40, ca. 15 km Geländereitwege.
Unterricht in Dressur bis Klasse L, in Springen bis Klasse M (S). Ganzjährig geöffnet. Turnierveranstalter bis CHA.
Voranmeldung ist Bedingung.

Nächste Bahnstation: Feldkirch.

A-6807 Feldkirch, Postfach 29
Standort: Feldkirch-Tosters — **Reitschule Rhetaca**

Telefon: (05522) 54 55, am besten erreichbar von 15–19 Uhr
Ruhetag: Montag
Besitzer: Fa. Rhetaca

10 ungarische Reitpferde stehen in diesem modernen Großbetrieb auch Anfängern zur Verfügung. Vorwiegend werden Privatpferde gehalten, so reitet hier z. B. auch Henk Hulzebos. Der Zehnstundenblock kostet S 1000,–.
Es gibt einen Reitplatz, eine Halle 20 x 40, ein Viereck 25 x 50 sowie etwa 50 km Geländereitwege. Unterricht in Dressur (Klasse L) und Springen (Klasse A) für die Schulpferdebenützer. Kinderreiten auf Ponys.
6 eigene Gästezimmer. Ganzjähriger Betrieb. Österr. Reitsportabzeichen in Bronze wird abgenommen. Veranstalter von CHL-, CHR- und CHN-Turnieren.
Noch Platz für Privatpferde: S 3500,– pro Monat, desgleichen bei Kurzurlauben.
Eigenes Prospektmaterial kostenlos. Voranmeldung eher günstig.

Spezialität: Spazier- und Tagesritte, gründlichste Ausbildung.
Nächste Bahnstation: Feldkirch.

A-6787 Gargellen **Hotel Feriengut Gargellenhof**
Telefon: (05557) 274 Serie, tägl. bis 21 Uhr
Ruhetag: Keiner
Besitzer: Huber K. G.

5 Reitpferde (Haflinger und Warmblutpferde).
Die Reitstunde kostet S 140,– (Vor- und Nachsaison S 120,–), für Hausgäste S 20,– Ermäßigung.
Reitplatz vorhanden. Geländeritte. Kinderreiten auf Haflingern. 34 eigene Gästezimmer. Betrieb für Reiterei nur im Sommer. Auch Voltigieren für Kinder.
Eigene Prospekte kostenlos. Voranmeldung eher günstig.

Spezialität: Ausritte in Bergtäler.
Nächste Bahnstation: Schruns/Montafon.

A-6971 Hard
Lochbachstraße 17 **Alpla-Reitclub**
Telefon: (05574) 31 661, 31 662, von 8–12 und 14–17 Uhr
Ruhetag: Montag
Besitzer: Alpla-Werke

12 Reitpferde (Trakehner, Haflinger, Fjord) für jedermann.
S 60,– pro Reitstunde ohne, S 70,– mit Lehrer.
Reitplatz, Viereck 20 x 40, ca. 30 km Geländereitwege. Unterricht in Dressur und Springen bis Klasse L. Abnahme des österr. Reitsportabzeichens. Kinderreiten auf den Fjord-Pferdchen. Ganzjähriger Betrieb. Auch Kutschenfahrten möglich.
Noch Einstellplätze frei: S 2000,– Monatspension. Kurzeinsteller: S 2500,– monatl., Koppelaufenthalte: S 1500,– monatl.
Eigene Prospekte. Keine Voranmeldung.

Nächste Bahnstation: Hard.

A-6741 Raggal **Reitstall Bickel**
Telefon: Keines
Ruhetag: Keiner
Besitzer: Norbert Bickel

Reiten für jedermann auf 7 gehorsamen Haflingern.
S 100,– pro Reitstunde mit Lehrer, S 800,– der Zehnstundenblock.
Ein Reitplatz und 8 km Geländereitwege.
8 eigene Gästezimmer, Hotel in der Nähe. Reitbetrieb nur im Sommer (Juni bis September).
Voranmeldung eher günstig.

Spezialität: Mehrstündige Ausritte, Spazierritte.
Nächste Bahnstation: Bludenz.

Einige Fachausdrücke der Hippologie

Aalstrich:	Dunkler Streifen in Rückenmitte des Pferdes, der bis zur Schwanzwurzel reicht.
Abfußen:	Zeitpunkt, da beim Sprung die Hinterbeine des Pferdes den Boden verlassen.
Abteilung:	Gruppenreiten in der Bahn, wobei stets eine Pferdelänge Abstand zum Vordermann zu halten ist.
Abzeichen:	Verschieden große, weiße Fellstellen am Pferdekörper.
Anlehnung:	Reaktion des Pferdes auf richtige Zügelhilfen des Reiters.
Auffußen:	Zeitpunkt, da beim Sprung die Vorderbeine des Pferdes wieder den Boden berühren.
Aufsitzen:	Das Besteigen des Pferdes.
Balance:	Seitliches Gleichgewicht des Pferdes, das zugeritten völlig ausbalanciert gehen soll.
Bandagen:	Wickelbänder zur Schonung der Fußgelenke des Pferdes.
Bandmaß:	Länge eines Maßbandes in Zentimetern, gemessen vom ebenen Boden bis zum höchsten Punkt des Widerristes.
Beschlag:	Mit Hufnägeln fixierte Flacheisen an der Hufunterseite.
Blender:	Optisch einwandfrei aussehendes Pferd, das dann bei der Arbeit enttäuscht.
Cavaletti:	Bodenricks zur Trabarbeit, um den Raumgriff im Trab zu verbessern.
Derby:	Rennen dreijähriger Vollblüter über 2400 m (seit 1780).
Durchlässigkeit:	Reaktionsquantität auf die verschiedenen Hilfen des Reiters.
Elefantensprung:	Hindernistyp. Mehrere Rollen mit etwa 40 cm Querschnitt, die übereinander in seitlicher Halterung (meist Türme) liegen.
Exterieur:	Gebäude des Pferdes, Körperformen und Eigenschaften.
Format:	Verhältnis von Widerristhöhe zur Rumpflänge.
Führbahn:	Meist dreieckig angelegte Vorführstrecke (Schenkellänge ca. 20 m). Prüfer steht an der Dreieck-Spitze.

Galgenmaß:	Siehe Stockmaß.
Ganasche:	Verbindung von Hals und Kopf des Pferdes (zwischen hinterem Rand des Unterkiefers und dem sog. Atlasflügel).
Gebiß:	Zaumzeug des Pferdes.
Genotyp:	Gesamtheit der Erbfaktoren.
Gewährsmängel:	Gesetzlich fixierte Pferdekrankheiten, die eine terminisierte Rückgabe nach Ankauf ermöglichen.
Glasauge:	Auch Birkenauge genannt. Durch fehlende Pigmentisierung der Iris erscheint das Auge gläsern (meist hellblau).
Gleitendes Ringmartingal:	Erlaubter Hilfszügel bei Springturnieren.
Haarwechsel:	Zweimal jährliche Fellkleidänderung (Winter und Sommer), in der sehr sorgfältig gearbeitet werden muß, da Pferde besonders heikel.
Hand:	Linke bzw. rechte Hand bezeichnet das Reiten in der Bahn, nämlich immer die der Bahninnenseite zugewandte Schulter.
Hartmäulig:	Durch unsachgemäßes Reiten bzw. harte Zügelführung stumpf gewordene Maulwinkel des Pferdes.
Hechtkopf:	Kopf mit Konkavlinienführung des Nasenrückens.
Hengst:	Männliches Pferd.
Hilfen:	Reitereinwirkung auf das Pferd mittels Zügel, Schenkel und Kreuz.
Hirschhals:	Verkehrter Hals genannt, mit beiden nach unten gebogenen Rändern. Schwerer Gebäudefehler.
Hufschlag:	Äußere Gangspur in der Reitbahn oder Halle.
Hufräumer:	Hakenförmiges Instrument zur Hufsäuberung.
Interieur:	Geistige, psychische Veranlagung des Pferdes.
Kaliber:	Verhältnis von Widerristhöhe zum Gewicht.
Kandare:	Starres Gebiß mit Hebelwirkung.
Kappzaum:	Spezialhalfter mit festem Nasenbügel, um so z. B. beim Longieren des Pferdes besser einwirken zu können.
Karpfenrücken:	Aufgebogener Rücken (im Gegensatz zu Senkrücken).
Kartätsche:	Putzbürste.
Kastanie:	Hornbildung an der Innenseite der Pferdebeine.
Kleben:	Unangenehme Eigenschaft mancher Pferde durch zu starke Gruppengewöhnung. Lassen sich nicht von der Gruppe wegreiten.
Kötenhaare:	Haarbildung in der Fesselbeuge.
Koppen:	Luftschlucken.
Krötenmaul:	Fleischfarbiges, unpigmentiertes Pferdemaul.
Kruppe:	Kreuz des Pferdes.
Kunden:	Dunkle Vertiefungen in der Zahnmitte, an Hand derer das Alter eines Pferdes relativ genau abgelesen werden kann.
Leichttraben:	Ständiges »Schrittabfangen« des trabenden Pferdes durch leichtes Aufstehen des Reiters beim Fußwechsel.

Lipizzaner:	Alte Pferderasse, meist Schimmel, weltbekannt durch den Einsatz der Lipizzaner-Hengste in der Spanischen Reitschule.
Longe:	Etwa 6–8 m lange Leine, an der speziell junge Reiter ausgebildet werden. Kreisbahn-Training.
Longieren:	Arbeit an der Longe. Ausbildner im Kreismittelpunkt.
LPO:	Leistungsprüfungsordnung (BRD). In Österreich durch die ÖTO (Österreichische Turnierordnung) ersetzt.
Martingal:	Hilfszügel, der, am Gurt befestigt, zwischen den Vorderbeinen des Pferdes durchgezogen, dann zweigeteilt und mit Ringen am Ende, die Zügelführung nach unten, korrigiert.
Mauke:	Nässende Entzündung in der Fesselbeuge (nasser Stall).
Mittelgalopp:	Verstärkte Galoppgeschwindigkeit, aus dem Arbeitsgalopp kommend. Nächste Stufe: starker Galopp.
Mitteltrab:	Verstärkte Trabgeschwindigkeit, aus dem Arbeitstrab kommend. Nächste Stufe: starker Trab.
Mustern:	Prüfen eines Pferdes bei der Musterung im Führring.
Nachgurten:	Wichtiges, zusätzliches Nachschnallen des Bauchgurtes meist nach einigen Minuten Reitzeit.
Oxer:	Hochweitsprung. Hindernis.
Parade:	Durchzügeln des Pferdes mit Hilfe der Zügel, Schenkel und Kreuz (man unterscheidet halbe und ganze Paraden).
Passage:	Schwebetrab.
Pedigree:	Abstammungsnachweis des Pferdes, Ahnenpaß.
Piaffe:	Trab auf der Stelle.
Pirouette:	360-Grad-Drehung im Galopp um die Hinterhand.
Plastron:	Kunstvoll gebundene Masche, die statt der Krawatte getragen wird.
Points:	Positive, herausragende Eigenschaften eines Pferdes.
Pony:	Alle Pferderassen mit weniger als 134 cm Widerristhöhe.
Pullen:	Meist übermütiges Bocken beim Angaloppieren oder bei anderen Gelegenheiten. Abwurfgefahr für den Reiter.
Rahmen:	Proportionen des Pferdekörpers. Verhältnis der Gliedmaßen zueinander, aber auch der übrigen Körperteile.
Ramskopf:	Kopf mit konvexer Linienführung des Nasenrückens.
Regulierbarkeit:	Reaktionsquantität des Pferdes in den einzelnen Gängen, aber auch bei Paraden usw.
Reitlehrer:	Leider viel zu selten feststellbare Spezies des Homo sapiens, die reiterliche Fähigkeiten mit der Gabe fast übermenschlicher Geduld gepaart haben sollte.
Remonte:	Junges, eben im Zureiten befindliches, rohes Pferd.
Rick:	Kleiner Steilsprung. Hindernis.
Robustpferd:	Pferde, die nicht intensiv im Stall gehalten werden müssen, vor allem Ponyrassen.
Satteldruck:	Offene Druckstelle als Folge eines schlecht liegenden oder falsch verpaßten Sattels.

Schläger: Bösartig gemachtes Pferd, dessen Hinteransicht man besser aus einem gewissen Mindestabstand betrachtet.
Schmiedefromm: Gehorsames Aufhebenlassen aller vier Beine beim Hufbeschlag.
Selektion: Zuchtauslese.
Senkrücken: Durchgebogener Rücken (im Gegensatz zum Karpfenrücken).
Stelldichein: Treffpunkt bei Fuchsjagden.
Stellung: Keinesfalls unmoralische Bezeichnung der Pferdeextremitäten zueinander sowie der Winkel einzelner Gelenke.
Stockmaß: Abstand von ebener Erde bis zur Widerristoberkante, gemessen mit geradem Stock und 90-Grad-Winkelauflage.
Strahl: Elastischer Hornpolster an der Hufunterseite.
Streichkappen: Schutzkappen an den Innenseiten der Pferdebeine.
Strichreiten: Ebenfalls äußerst moralisches Bemühen, vor allem bei Fuchsjagden, die gerade Linie einzuhalten, das heißt nach Möglichkeit nicht zu kreuzen.
Striegel: Putzinstrument zum Entfernen des ärgsten Schmutzes.
Stützig: Recht unangenehme Eigenschaft Hilfen verweigender Pferde, die bei Springpferden mitunter Verzweiflung verursacht.
Stuhlsitz: Vielfach antreffbare falsche Sitzhaltung des Reiters, wobei die Hüftknochen hinter der gedachten Linie von Schulter und Ferse liegen.
Stute: Weibliches Pferd.

Tandem: Spezielle Zweispänneranspannung.
Taxiervermögen: Fähigkeit besonders des Springpferdes, die Höhe und Breite eines Hindernisses mit abzuschätzen, was für manche Reiter lebenswichtig ist.
Trachten: Seitenwände des Hufs (durch sie wird vernagelt!).
Trense: Mundstück mit Mittelgelenk. Je dicker, desto humaner.
Trockenheit: Nicht nur negatives, weil ohne »Drink« auskommen müssendes Reiterbefinden, sondern auch akzentuierte Merkmale des Pferdes, z. B. trockener Kopf.

Überbaut: Weit höhere Kruppe als Widerrist. Bei Springpferden nicht unbedingt ein Fehler.
Übergänge: Wechsel von einer Gangart in die andere.
Unterhalsmuskulatur: Mitunter problematische Muskelanhäufung in einer Gegend, die speziell Dressurreiter lieber unterentwickelt wünschen (Hengste).

Verkehrter Hals: Siehe Hirschhals.
Voltigieren: Freiübungen am galoppierenden Pferd.

Wallach: Kastrierter Hengst.
Webern: Hin- und Herschwenken des Kopfes. Ist meist auf »Unterbeschäftigung« des Pferdes zurückzuführen.
Wert eines Pferdes: Nicht eindeutig feststellbar.

Zackeln: Unruhiges Mittelding zwischen Trab und Schritt (ist erfahrungsgemäß äußerst ärgerlich).
Zirkel: Kreisförmige Hufschlagfigur.
Zügel: Längliche Leine, meist aus Leder, an deren anderem Ende ein ziemlich sensibles Pferdemaul nicht unbedingt mißhandelt werden möchte.
Zwanghuf: Huf mit stark beeinträchtigter Beweglichkeit.

Register

Die *kursiven* Seitenverweise beziehen sich auf die Abbildungslegenden

Abbildungsnachweis

13: Nidetzky; 14–17 oben: Film- und Lichtbildstelle des Bundesministeriums für Land- und Forstwirtschaft; 17 unten: Nidetzky; 18, 19: Film- und Lichtbildstelle des Bundesministeriums für Land- und Forstwirtschaft; 20: Nidetzky; 33: Reitverein Freudenau; 34: Wiener Reitinstitut; 35: Österreichische Fremdenverkehrswerbung; 36: Reitschule Schlager; 37, 38 oben: Reitclub Weistrach im Obstgarten; 38 unten: Reitclub St. Georg, Wallsee; 39 oben: Österreichische Fremdenverkehrswerbung; 39 unten: Reitclub Sonnenranch, Wiener Neustadt; 40 oben: Reitclub Weistrach im Obstgarten; 40 unten: Österreichische Fremdenverkehrswerbung; 41 oben: Reitsport-Pension Hubhof; 41 unten: Österreichische Fremdenverkehrswerbung; 42: Reitstall und Countryclub Kronberghof; 43 oben: Reitstall Höldrichsmühle; 43 unten: Reitclub Crazy Horses, Deutsch-Wagram; 44: Nidetzky; 45 oben: Amt der Niederösterreichischen Landesregierung; 45 unten: Nidetzky; 46 oben: Österreichische Fremdenverkehrswerbung; 46 unten: Reitclub Sonnenranch, Wiener Neustadt; 47 oben: Dr. Zachs; 47 unten, 48 oben: Österreichische Fremdenverkehrswerbung; 48 unten links: Reitclub Weistrach im Obstgarten; 48 unten rechts: Ländlicher Reit- und Fahrverein Eichgraben; 61 oben: Landes-Fremdenverkehrsverband Oberösterreich; 61 unten: Nidetzky; 62: Österreichische Fremdenverkehrswerbung; 63: Dr. Zachs; 64 oben: Reiterhof Mann, Illmitz; 64 unten: Reitclub Weistrach im Obstgarten; 65 oben: Österreichische Fremdenverkehrswerbung; 65 unten: Pferdevermietung Römerhütte, St. Lorenzen am Wechsel (Foto Remling); 66 oben: Reitschule Purbach am Neusiedler See; 66 unten: Erster Burgenländischer Reitverein Stegersbach; 67 oben: Österreichische Fremdenverkehrswerbung; 67 unten: Reitzentrum Heroldmühle, Marz; 68 oben: Österreichische Fremdenverkehrswerbung; 68 unten: Reitclub Sachendorf, Knittelfeld (Foto Fürst); 81: Landwirtschaft und Zuchtbetrieb Hotel Alpenhof, Mariazell-St. Sebastian; 82: Amt der Steiermärkischen Landesregierung (Foto Fischer, Foto Reuter); 83 oben: Film- und Lichtbildstelle des Bundesministeriums für Land- und Forstwirtschaft; 83 unten: Amt der Steiermärkischen Landesregierung (Foto Koren); 84 oben: Österreichische Fremdenverkehrswerbung; 84 unten: Reitclub Sachendorf, Knittelfeld; 85: Verkehrsverein Obertauern; 86 oben: Film- und Lichtbildstelle des Bundesministeriums für Land- und Forstwirtschaft; 86 links unten: Österreichische Fremdenverkehrswerbung; 86 rechts unten: Reitclub Villach; 87 oben: Österreichische Fremdenverkehrswerbung; 87 unten: Pension Schloß Trabuschgen, Obervellach; 88 oben: Österreichische Fremdenverkehrswerbung; 88 unten: Reitstall Hotel Trattlerhof, Bad Kleinkirchheim; 101 links: Österreichische Fremdenverkehrswerbung; 101 unten: Landes-Fremdenverkehrsverband Oberösterreich; 102 oben: Pferdevermietung Melchamhof, Maria Alm; 102 links unten: Landes-Fremdenverkehrsverband Oberösterreich; 102 rechts unten: Österreichische Fremdenverkehrswerbung; 103 oben: Reitclub Böhmerwald, Aigen; 103 links unten: Landesverkehrsamt Salzburg; 103 rechts unten: Film- und Lichtbildstelle des Bundesministeriums für Land- und Forstwirtschaft; 104: Landes-Fremdenverkehrsverband Oberösterreich; 105 oben: Reitgestüt Waldeck, Saalfelden; 105 unten: Reitclub Böhmerwald, Aigen; 106: Landesfremdenverkehrsamt für Tirol; 107 oben: Reitclub Böhmerwald, Aigen; 107 unten: Österreichische Fremdenverkehrswerbung; 108 oben: Landesverkehrsamt Salzburg; 108 unten: Reit- und Tenniscenter Neukirchen am Großvenediger; 109 oben: Österreichische Fremdenverkehrswerbung; 109 unten: Reitschule Vomperberg, Vomp; 110 oben: Landesfremdenverkehrsamt für Tirol; 110 unten: Reitstall Wackerle, Leutasch; 111: Landesfremdenverkehrsamt für Tirol; 112 oben: Reitstall Wolfgangsee, Aigen-Voglhub; 112 unten: Reitschule Vomperberg, Vomp; 113: Landesverkehrsamt Vorarlberg; 114 oben: Hotel Feriengut Gargellenhof, Gargellen; 114 unten: Reitverein Feldkirch; 115 oben: Landesverkehrsamt Vorarlberg (Foto Dia-Center Häusle); 115 unten, 116: Landesverkehrsamt Vorarlberg; 129–136: Nidetzky.

Literaturnachweis

Die Spanische Reitschule Wien, Bundesministerium für Land- und Forstwirtschaft, Wien 1965

Fiedelmeier, Leni, Pferde, Freizeit, Sport, Köln o. J.

Fuchs, K. O. v., Umgang mit Reitpferden, München 1976

Haugk, S. v., Das Reiter-Abc, Hannover o. J.

Kapitzke, G., Zika, F., Ponyreiten ernstgenommen, Berlin 1973

Kopfhart, Alfred, Beurteilung und Auswahl von Reitpferden, Berlin o. J.

Meyer, Eduard, Farbe und Abzeichen bei Pferden, Hannover o. J.

Müseler, Wilhelm, Reitlehre, Berlin 1976

Nissen, Jasper, Welches Pferd ist das? Stuttgart 1976

Schweisgut, Otto, Haflinger, Innsbruck 1976

Stern, Horst, So verdient man sich die Sporen, Stuttgart 1976

Summerhays, R. S., Das schwierige Pferd, Stuttgart 1975